经济预测科学丛书

# 全球价值链重构与产业升级：
# 理论、测度及中国对策

田开兰  杨翠红  著

科学出版社
北  京

## 内 容 简 介

本书基于经济理论和系统科学思想，综合运用定性与定量分析方法对全球价值链重构和产业升级等重要问题进行了深入研究。在定性梳理全球价值链与中国产业链演变的基础上，定量测度了国际产业布局重构对我国经济的影响。产业升级是应对全球价值链重构的重要出路，因此，本书提出了全球生产分工下产业升级的测度指标，并开展了实证研究。本书测度了《区域全面经济伙伴关系协定》的实施对全球价值链的重构效应及为我国产业发展提供的机遇。本书综合运用了投入产出模型、计量模型和量化贸易模型等方法，为相关研究提供了方法参考。本书的研究为提升我国产业链现代化水平提供了一些政策参考。

本书可供经济与管理领域的高等院校师生、科研人员、政府部门管理人员和企业管理人员阅读参考。

#### 图书在版编目（CIP）数据

全球价值链重构与产业升级：理论、测度及中国对策/田开兰，杨翠红著．—北京：科学出版社，2023.4
（经济预测科学丛书）
ISBN 978-7-03-073880-6

Ⅰ. ①全⋯　Ⅱ. ①田⋯　②杨⋯　Ⅲ. ①世界经济–研究　Ⅳ. ①F11

中国版本图书馆 CIP 数据核字（2022）第 221507 号

责任编辑：徐　倩／责任校对：贾娜娜
责任印制：张　伟／封面设计：无极书装

### 科学出版社 出版
北京东黄城根北街 16 号
邮政编码：100717
http://www.sciencep.com

**北京建宏印刷有限公司印刷**
科学出版社发行　各地新华书店经销
\*
2023 年 4 月第 一 版　开本：720×1000　1/16
2024 年 8 月第三次印刷　印张：9 1/2　插页：1
字数：192 000
**定价：116.00 元**
（如有印装质量问题，我社负责调换）

# 丛书编委会

**主　编**：汪寿阳

**副主编**：黄季焜　魏一鸣　杨晓光

**编　委**：（按姓氏汉语拼音排序）

|  |  |  |  |  |
|---|---|---|---|---|
| 陈　敏 | 陈锡康 | 程　兵 | 范　英 | 房　勇 |
| 高铁梅 | 巩馥洲 | 郭菊娥 | 洪永淼 | 胡鞍钢 |
| 李善同 | 刘秀丽 | 马超群 | 石　勇 | 唐　元 |
| 汪同三 | 王　珏 | 王　潼 | 王长胜 | 王维国 |
| 吴炳方 | 吴耀华 | 杨翠红 | 余乐安 | 曾　勇 |
| 张　维 | 张林秀 | 郑桂环 | 周　勇 | 邹国华 |

# 总 序
FOTAL

  中国科学院预测科学研究中心（以下简称中科院预测中心）是在全国人民代表大会常务委员会原副委员长、中国科学院原院长路甬祥院士和中国科学院院长白春礼院士的直接推动和指导下成立的，由中国科学院数学与系统科学研究院、中国科学院地理科学与资源研究所、中国科学院科技政策与管理科学研究所、中国科学院遥感应用研究所、中国科学院大学和中国科技大学等科研与教育机构中从事预测科学研究的优势力量组合而成，依托单位为中国科学院数学与系统科学研究院。

  中科院预测中心的宗旨是以中国经济与社会发展中的重要预测问题为主要研究对象，为中央和政府管理部门进行重大决策提供科学的参考依据和政策建议，同时在解决这些重要的预测问题中发展出新的预测理论、方法和技术，推动预测科学的发展。其发展目标是成为政府在经济与社会发展方面的一个重要咨询中心，成为一个在社会与经济预测预警研究领域中有重要国际影响的研究中心，成为为我国和国际社会培养经济预测高级人才的主要基地之一。

  自 2006 年 2 月正式挂牌成立以来，中科院预测中心在路甬祥副委员长和中国科学院白春礼院长等领导的亲切关怀下，在政府相关部门的大力支持下，在以全国人民代表大会常务委员会原副委员长、著名管理学家成思危教授为前主席和汪同三学部委员为现主席的学术委员会的直接指导下，四个预测研究部门团结合作，勇攀高峰，与时俱进，开拓创新。中科院预测中心以重大科研任务攻关为契机，充分发挥相关分支学科的整体优势，不断提升科研水平和能力，不断拓宽研究领域，开辟研究方向，不仅在预测科学、经济分析与政策科学等领域取得了一批有重大影响的理论研究成果，而且在支持中央和政府高层决策方面做出了突出贡献，得到了国家领导人、政府决策部门、国际学术界和经济金融界的重视与高度好评。例如，在全国粮食产量预测研究中，中科院预测中心提出了新的以投入占用产出技术为核心的系统综合因素预测法，预测提前期为半年以上，预测各年度的粮食丰、平、歉方向全部正确，预测误差远低于西方发达国家；又如，在外汇汇率预测和国际大宗商品价格波动预测中，中科院预测中心创立了 TEI@I 方法论并成功地解决了多个国际预测难题，在外汇汇率短期预测和国际原油价格波动等预测中处于国际领先水平；再如，在美中贸易逆差估计中，中科院预测中心提出了计算国际贸易差额的新方法，从理论上证明了出口总值等于完全国内增加值和完全进口值之和，提出应当以出口增加值来衡量和计算一个国家的出口规模和两个国家之间的贸易差额，发展出一个新的研究方向。这些工作不仅为中央和政府高层科学决策提供了重要的科学依据和政策建议，所提出的新理论、新方法和新技术也为中国、欧洲、美国、日本、东南亚和中东等国家和地区的许多研究机构所广泛关注、学习和采用，产生了广泛的社会影响，并且许多预测报告的重要观点和主要结论为众多国内外媒体大量报道。最近几年来，中科院预测中心获得了1项国家科技进步奖、6项省部级科技奖一等奖、8项重要国际奖励，以及张培刚发展经济学奖和孙冶方经济科学奖等。

中科院预测中心杰出人才聚集，仅国家杰出青年基金获得者就有18位。到目前为止，中心学术委员会副主任陈锡康教授、中心副主任黄季焜教授、中心主任汪寿阳教授、中心学术委员会成员胡鞍钢教授、石勇教授、张林秀教授和杨晓光教授，先后获得了有"中国管理学诺贝尔奖"之称的"复旦管理学杰出贡献奖"。中科院预测中心特别重视优秀拔尖人才的培养，已经有2名研究生的博士学位论文被评为"全国优秀博士学位论文"，4名研究生的博士学位论文获得了"全国优秀博士学位论文提名奖"，8名研究生的博士学位论文被评为"中国科学院优秀博士学位论文"，3名研究生的博士学位论文被评为"北京市优秀博士学位论文"。

为了进一步扩大研究成果的社会影响和推动预测理论、方法和技术在中国的研究与应用，中科院预测中心在科学出版社的支持下推出这套"经济预测科学丛书"。这套丛书不仅注重预测理论、方法和技术的创新，而且也关注在预测应用方面的流程、经验与效果。此外，丛书的作者们将尽可能把自己在预测科学研究领域中的最新研究成果和国际研究动态写得通俗易懂，使更多的读者和其所在机构能运用所介绍的理论、方法和技术去解决他们在实际工作中遇到的预测难题。

在这套丛书的策划和出版过程中，中国科技出版传媒股份有限公司董事长林鹏先生、副总经理陈亮先生和科学出版社经管分社社长马跃先生提出了许多建议，做出了许多努力，在此向他们表示衷心的感谢！我们要特别感谢路甬祥院士，以及中国科学院院长白春礼院士、副院长丁仲礼院士、副院长张亚平院士、副院长李树深院士、秘书长邓麦村教授等领导长期对预测中心的关心、鼓励、指导和支持！没有中国科学院领导们的特别支持，中科院预测中心不可能取得如此大的成就和如此快的发展。感谢依托单位——中国科学院数学与系统科学研究院，特别感谢原院长郭雷院士和院长席南华院士的长期支持与大力帮助！没有依托单位的支持和帮助，难以想象中科院预测中心能取得什么发展。特别感谢学术委员会前主席成思危教授和现主席汪同三学部委员的精心指导和长期帮助！中科院预测中心的许多成就都是在他们的直接指导下取得的。还要感谢给予中科院预测中心长期支持、指导和帮助的一大批相关领域的著名学者，包括中国科学院数学与系统科学研究院的杨乐院士、万哲先院士、丁夏畦院士、林群院士、陈翰馥院士、崔俊芝院士、马志明院士、陆汝钤院士、严加安院士、刘源张院士、李邦河院士和顾基发院士，中国科学院遥感应用研究所的李小文院士，中国科学院科技政策与管理科学研究所的牛文元院士和徐伟宣教授，上海交通大学的张杰院士，国家自然科学基金委员会管理科学部的李一军教授、高自友教授和杨列勋教授，西安交通大学的汪应洛院士，大连理工大学的王众托院士，中国社会科学院数量经济与技术经济研究所的李京文院士，国务院发展研究中心李善同教授，香港中文大学刘遵义院士，香港城市大学郭位院士和黎建强教授，航天总公司710所的于景元教授，北京航空航天大学任若恩教授和黄海军教授，清华大学胡鞍钢教授和李子奈教授，以及美国普林斯顿大学邹至庄教授和美国康奈尔大学洪永淼教授等。

许国志院士在去世前的许多努力为今天中科院预测中心的发展奠定了良好的基础，而十余年前仙逝的钱学森院士也对中科院预测中心的工作给予了不少鼓励和指导，这套丛书的出版也可作为中科院预测中心对他们的纪念！

汪寿阳
2018年夏

# 序 一
FOREWORD

新冠疫情以来，产业链、供应链和价值链（简称三链）越发频繁地出现在政府文件、学术文章和大众媒体等媒介中，产业链、供应链的安全和发展事关国家大计与经济民生。当今世界，三链的全球分割化已经是全球经济系统的典型特征。20 世纪 80 年代后，信息通信技术迅速发展，跨境贸易、投资的自由化水平显著提高，产业链上的不同环节可以以经济成本最小化的方式分散到不同经济体进行，生产中的跨国分工与合作因此日益频繁，中间品贸易和全球化繁荣发展。

全球价值链的发展实践激励国际经济学和产业经济学等领域的理论和实证研究取得了重要突破与创新。中国学者在这方面取得了杰出的成果。21 世纪初，以中国科学院数学与系统科学研究院陈锡康和杨翠红为代表的研究团队与香港中文大学刘遵义等学者合作，在国际上创新性地提出在全球价值链分工下以贸易增加值而非贸易额为核算口径才能更加准确地衡量贸易利益，并构建了反映加工贸易的非竞争型投入产出模型以开展多边贸易利益核算。这项工作在国内外学术界、政府部门和国际组织中都产生了重要影响，投入产出数据库的构建和全球价值链核算等研究工作也在过去二十多年迅猛发展。

2008 年金融危机之后，贸易保护主义抬头，英国脱欧、中美经贸关系的变化、俄乌冲突和新冠疫情等重大事件重创全球化，全球三链面临重要调整。近年来，我国劳动力成本优势逐渐丧失，资源环境约束趋紧，原有的通过负责较低附加值生产环节参与全球化分工的模式难以持续，我国产业面临中高端节点向发达经济体回流、中低端节点向其他发展中经济体转移的双重压力。推动产业升级，提升产业链水平是我国应对全球产业链加速重构的重要出路。因此，田开兰和杨翠红的这部专著聚焦全球价值链重构和产业升级这两个重要主题。

该书的重要特点是基于经济理论和系统科学思想，提出并改进数量模型方法对产业链的重构与升级开展科学的定量研究，书中涉及世界投入产出模型、反映加工贸易异质性的投入产出模型、因子分析、计量模型、量化贸易模型等多种数量经济方法。在定性梳理全球价值链与中国产业链的发展及演变之后，对未来全球产业链重构趋势进行了定性研判，并分情景定量测度了全球产业链重构的影响，特别是我国部分产业向其他发展中国家分流对我国经济和就业的影响。其后，该书提出了全球价值链分工下产业升级的测度指标体系并对 39 个经济体 34 个产业的升级情况进行了测度，并研究了全球价值链融入程度对产业升级的影响。该书测度了《区域全面经济伙伴关系协定》的实施对全球和区域价值链的重构效应以及为我国产业链发展提供的机遇。

  该书立足全球视野，以解决中国经济问题为导向，创新定量分析方法，将定性分析和定量分析相结合，逻辑严密、结论可靠，为我国在新发展格局下提升产业链供应链现代化水平提供重要政策参考。

汪寿阳

2022 年 9 月

# 序 二
FOREWORD

当前，我国发展进入战略机遇和风险挑战并存、不确定且难预料因素增多的时期：国际上，世界百年未有之大变局加速演进，新一轮科技革命和产业变革深入发展，逆全球化思潮抬头，世界进入新的动荡变革期；国内发展不平衡、不充分的问题亟须加快解决，面临来自外部的打压、遏制随时可能升级的困境。新形势下抓住机遇、化解风险、应对不确定性必须加快构建以国内大循环为主体、国内国际双循环相互促进的新发展格局，以推动经济高质量发展。

提升产业链、供应链现代化水平，增强产业链、供应链韧性和安全性是加快构建新发展格局的必然要求。实现这一要求的根本途径在于推动产业链、供应链和价值链的升级。改革开放，特别是加入世界贸易组织以来，我国积极、快速融入国际大循环和全球价值链分工，承担了大量劳动密集型和能源密集型生产链与生产环节的生产任务，并迅速成为"世界工厂"，这推动了国内的工业化和经济的快速增长。然而，近些年来我国生产成本不断上升，资源环境约束日益趋紧，来自西方国家的打压遏制愈发猛烈。如果不改变原有的产业链、价值链分工模式，我国的发展空间将受到限制，生态赤字将越来越大，产业链、供应链将越来越不安全。改变这一局面，必须推动产业链、供应链和价值链的升级，推动形成更具创新力、更加绿色、更安全可靠的产业链、供应链。

推动产业链、供应链和价值链的升级是一项复杂的系统工程，涉及方方面面，存在众多问题需要深入研究。例如，从历史维度看，全球产业链、价值链演变存在哪些典型化事实和一般规律？在全球化分工视角下，我国产业发展的真实比较优势何在，未来的变化趋势如何？新形势下全球产业链、价值链将朝哪个方向重构？外部环境的变化给我国产业链、供应链和价值链的升级带来了哪些机遇与挑战？未来我国产业链、供应链和价值链升级的方向和具体路径是什么？如何推动国内大循环和国际大循环的深度融合与相互促进？厘清这些问题既是现实的需要，更是理论研究的重要方向和重大课题。

田开兰和杨翠红研究员的这部专著为这些问题的解决提供了理论思考和现实方案。比如，作者基于其团队率先提出的反映加工贸易异质性的非竞争型投入产出模型测度了全球主要经济体真实产业竞争力的演变，比较全面、准确地揭示了中国产业国际竞争力。又如，作者提出了全球价值链分工下产业升级的测度指标体系，既为产业升级相关量化研究提供了框架，也为我国产业升级提供了方向性参考。

总之，这是一部全球价值链重构和产业升级方面的重要著作，既有系统的定性分析，又有扎实的定量研究；既有新颖的研究视角，又有严密充分的论证；既拓展了理论研究的边界，又提出了可供政策制定者参考的建议。最后，我相信并希望相关领域的学者可以从该书中汲取研究的给养和灵感，开展更加深入的研究，推动国内本领域的研究迈上更高台阶，为把我国全面建成社会主义现代化强国、实现第二个百年奋斗目标贡献智慧和力量。

李善同

2022 年 10 月

# 前　言
PREFACE

20 世纪 80 年代以来，全球化进程加快，并且生产分工和国际贸易的内容发生了实质性变化。工业革命之后，随着运输效率的提升及运输成本的下降，生产者可以将在某个地区完成所有生产工序生产出来的最终产品运输到不同地理位置的消费市场进行销售，而消费者也可以在市场上购买来自世界各地的产品，而非仅当地生产者提供的产品。地理位置上的距离不再是束缚生产者和消费者相互关联的绳索，这一过程被称为第一次"解绑"，即生产者和消费者之间的"解绑"。20 世纪 80 年代以后，随着信息通信技术的革新以及贸易投资的自由化、便利化水平不断提高，为实现成本最小化及最优化利用全球资源，众多生产者可以选择将不同生产环节分散至全球不同地区。地理位置上的距离也不再是生产者之间的束缚，这一过程被称为第二次"解绑"，即生产者之间的"解绑"。第二次"解绑"使得中间品贸易飞速发展，2010 年之前，全球中间品贸易已超越最终品贸易。生产工序的全球化分割使得产业链、供应链和价值链的全球化成为世界经济的典型特征和本质内容。

繁荣发展三十多年后，由于全球政治、经济、技术等因素的深刻复杂变化，近年来，全球产业链、供应链和价值链面临重大调整。2008 年金融危机以来，全球中间品贸易和贸易总额出现大幅缩水，货物贸易增速开始低于经济增速，全球化出现衰退迹象。贸易保护主义的抬头使得以世界贸易组织（World Trade Organization，WTO）为核心的多边贸易体制面临重要挑战，最惠国待遇原则、贸易自由化原则遭到破坏，贸易互惠原则受到打击。新冠疫情的暴发对全球化造成冲击，动摇了从经济成本出发构建的集中度较高的全球产业链体系，各个经济体及跨国企业更多地从安全、稳定的角度调整生产布局。全球产业链或向本土化、区域化、数字化等方向加速重构。

改革开放以来，特别是加入 WTO 以来，中国充分利用劳动力成本优势和政策优惠，抓住全球化分工浪潮带来的巨大发展机遇，积极融入全球价值链（global value chain，GVC），极大提升了生产和出口能力，实现了对外贸易和国内经济的快速增长。然而，中国一开始主要以加工贸易的方式参与到全球价值链中，负责加工制造等低附加值的生产环节，而技术和产品研发、关键部件和特殊材料的生产及品牌设计等高附加值环节则主要保留于发达经济体。随着劳动力成本上升、资源环境约束趋紧，我国原有的参与全球价值链的分工模式难以持续。在全球价值链加速重构的背景下，中国产业所面临的中高端节点向发达国家回流和中低端节点向其他发展中国家分流的双重压力使得我国必须采取措施以提升我国产业链现代化水平，实现产业升级，提升我国在全球价值链上的位置。要实现此目标，则需要系统性地研究过去全球价值链发展对我国产业发展和经济增长的贡献、我国产业在全球市场上的竞争优势变化、全球价值链重构对我国的挑战、我国可能采取的战略措施等。这些便是本书主要的研究动机，上述问题研究内容将贯穿全书。

全球产业链的发展实践激励着国际经济学理论和实证研究取得了重要突破和创新。理论方面，全球价值链、生产分割理论、垂直专业化（vertical specialization, VS）、国际外包、任务贸易等重要概念的相继提出，较好地描述并解释了全球化分工下各经济体、各行业的生产和贸易模式，新新贸易理论研究在全球范围内进入一个新时代。实证方面，得益于投入产出表特别是全球多区域投入产出表、微观企业生产及贸易层面等数据的可获取性，定量研究蓬勃发展。较为突出的是从增加值的视角构建全球贸易核算体系，即利用贸易中的增加值含量而非传统的贸易额来衡量贸易所得，进而重新审视各经济体各行业在全球价值链中的地位等问题。在基于增加值的全球贸易核算体系下，全球产业链和国际贸易相关的很多内容发生了重要变化，本书将在这一新体系下，利用投入产出模型，结合计量模型、量化贸易结构模型等方法，围绕全球价值链重构与产业升级开展研究。

本书研究全球价值链重构，特别关注重构对中国经济的影响。推动产业升级、提升我国产业链水平是我国应对全球价值链重构的唯一出路，因此，本书提出全球价值链分工下产业升级的衡量体系，进而定量研究进一步提高开放水平，以及加入区域自由贸易协定等重大国家战略对产业升级发展的影响，为探索我国产业升级策略提供重要的理论和科学参考。各章具体内容安排如下。

第 1 章介绍全球价值链与中国产业链的发展及演变。首先描述了全球价值链的形成与发展，过去三四十年，全球产业链已逐步从以美国、日本、德国为绝对中心演变为北美、欧洲和亚洲三足鼎立的局面，中国逐渐发展成为世界工厂。然后梳理回顾了全球价值链的理论及核算相关的重要研究进展。最后介绍了中国产业结构不同时间阶段的变化特征、中国产业链目前的总体特征及面临的重要挑战。

第 2 章介绍全球价值链分工下产业比较优势分析。该章测度分析各经济体各行业的国际竞争优势，利用显性比较优势（revealed comparative advantage, RCA）指数作为竞争力衡量指标，测度 RCA 指数时，分别基于贸易增加值和贸易总值进行测度，从而更好地对比分析各国各行业真实的竞争优势。特别地，针对中国贸易中加工贸易比例高这一重要特点，使用区分中国加工贸易的全球多区域投入产出表对RCA指数进行重新测度，从而更真实地刻画中国出口品特别是加工出口比例高的技术密集型产品的国际竞争力。

第3章介绍全球价值链重构下中国面临的挑战。该章考虑全球产业链加速重构的国际经济环境，提出可以基于全球多区域投入产出模型和反事实分析思想来测算全球产业布局调整的经济影响，该章着重测算全球产业布局调整对中国经济和就业的影响。一方面，20世纪80年代至2008年金融危机前，经济全球化繁荣发展，全球制造业生产中心转入中国，该章首先测算了过去数十年中产业转入中国对经济增长和就业的贡献。另一方面，随着中国在劳动力、土地和能源等资源上的比较优势的弱化，我国面临着产业外移的重要挑战。因此，该章分多种情形事先测算了产业外移对我国经济和就业的潜在影响，为我国提前布局应对产业外移提供参考。

第4章介绍全球价值链分工下产业升级的测度与分析。本书第2章反映了中国在中高端生产环节竞争力不足；本书第3章反映了全球价值链重构给中国产业发展、经济增长、就业稳定等带来重要挑战，我国面临产业升级的重大压力。开展产业升级的定量研究或升级策略等相关研究的前提之一是恰当地衡量一个经济体的产业在全球价值链上的发展与升级程度。因此，第4章基于产业升级的传统内涵，以及全球价值链分工下演化的新内涵，通过系统性的文献分析方法提取产业升级的多个衡量指标，精选之后保留了八个指标，并将其中四个传统指标调整为反映全球价值链分工特点的新指标，然后利用探索性因子分析法，构建产业升级的一个综合性指标。通过因子分析发现单个指标难以刻画产业升级的多维性，最终构建产业升级的三个量化维度——生产工序升级、产品升级和技能含量升级。

第5章介绍全球价值链参与度与产业升级关系的实证检验。该章实证检验了参与全球价值链分工程度对产业升级的影响，该章是第4章产业升级指标体系的重要应用。目前的贸易理论模型对全球价值链参与度与产业升级的关系有着不一致的结论，一类认为全球价值链为发达经济体提供了更多的升级机会，另一类则认为发展中经济体从全球价值链参与中获益更多。该章利用面板数据模型对此进行了实证检验，研究发现，参与全球价值链为发达经济体和发展中经济体都提供了产业升级机会，然而，影响渠道存在明显差异，发展中经济体更多地依赖后向全球价值链参与提供的"干中学"机会获得产业升级机会。前向、后向全球价值链参与度对生产工序升级、产品升级和技能含量升级这三类升级的影响机制及程度也存在差异。该章的研究发现为我国进一步加强对外开放水平、提升产业链水平提供了重要实证依据。

第6章介绍RCEP重构全球产业链与中国机遇。该章定量测度了《区域全面经济伙伴关系协定》(Regional Comprehensive Economic Partnership, RCEP) 对全球价值链的重构效应，以及为我国产业链发展提供的机遇。签署并落实 RCEP 是我国进一步提高对外开放水平的重大举措，该章基于多国家多部门李嘉图模型与全球多区域投入产出模型，从全球价值链参与深度（即全球价值链参与度）及广度（即全球价值链关联度）两个维度事前定量评估了 RCEP 对全球价值链的重构效应，以及为我国产业链发展提供的机遇。研究发现，RCEP 将缓解当前全球化衰退的现象，减缓东南亚国家联盟（以下简称东盟）、中国、韩国等经济体全球价值链参与度下降的趋势。与此同时，RCEP 将显著增强中国、日本、韩国和东盟国家与亚洲区域的产业关联，促使这些经济体以更加区域化的方式参与全球价值链，推动价值链向区域化方向重构，尤其是促进亚洲区域价值链的深化融合。该章为我国借助 RCEP 加快构建国内国际双循环相互促进的新发展格局、提升产业链水平以应对日益增强的世界经济不确定性提供了重要的定量研究依据。

第 7 章介绍中国产业调整趋势与升级策略。该章定性分析中国产业调整趋势，探讨产业升级策略。综合考虑中国发展的阶段性变化及国际经济环境的变化，定性分析全球价值链加速重构下中国产业的调整趋势；然后梳理提升产业链水平的内涵，总结主要发达经济体在维护产业链供应链安全、提升发展水平上的战略经验；最后结合之前章节的研究，探讨提升产业链水平的潜在策略，包括国家战略层面的引导、突破要素供给和市场需求约束层面的路径选择，以及畅通内外循环的宏观策略等。

本书具有三方面特色。一是研究问题重大，研究视角前沿。当今世界正经历百年未有之大变局，全球产业链面临巨大的不确定性，产业链、供应链安全及水平提升已成为非常重大的复杂系统工程问题。党的十九届五中全会将"提升产业链供应链现代化水平"作为加快发展现代产业体系、推动经济体系优化升级的重点任务。本书围绕全球价值链重构和产业升级等重大问题展开研究，在研究产业比较优势、产业升级及重大事件的经济影响等问题时，都从全球价值链分工这一前沿的国际化视角出发，研究结果为我国在应对全球化演变过程中推进产业升级提供重要启示。

二是定性分析与定量测度相结合。本书基于定性分析梳理全球价值链的形成与发展、理论与核算研究以及中国产业发展特征与矛盾演化等，对未来全球价值链重构趋势及中国面临的挑战和机遇等进行了定性研判。结合定性分析，本书基于全球多区域投入产出模型分情景定量测度了全球价值链重构的影响，特别是对中国经济的影响。定量测度贯穿本书多个章节。定性分析为定量测度提供了方向，定量测度则为定性研究提供了严谨的数学支持，两种方法的相互结合使得本书逻辑严密、结论可靠。

三是基于经济贸易理论提出具有创新性的定量测度模型。基于全球价值链理论及核算方法，本书利用基于贸易增加值的 RCA 指数测度分析产业竞争力。基于产业升级的理论内涵，本书创新性地提出全球价值链分工下产业升级的系统性测度方法。基于李嘉图贸易理论，本书提出利用多国多部门相对均衡模型和全球价值链核算模型测度区域自贸协定对全球价值链重构的效应。

本书的研究和写作离不开许多领导、同行和朋友的支持与帮助。特别感谢荷兰格罗宁根大学的 Erik Dietzenbacher（埃里克·迪特森巴赫）教授与 Richard Jong-A-Pin（理查德·琼格）副教授、中国人民大学的祝坤福副教授、中国社会科学院财经战略研究院的闫冰倩副研究员和中国科学院数学与系统科学研究院的张瑜博士等合作者对部分章节研究给予的帮助！特别感谢国务院发展研究中心的李善同研究员，中国科学院数学与系统科学研究院的陈锡康研究员、汪寿阳研究员、洪永淼研究员、杨晓光研究员、刘秀丽研究员，以及西安交通大学的郭菊娥教授、清华大学的潘文卿教授、北京师范大学的狄增如教授和樊瑛教授、北京航空航天大学的范英教授、中国科学院大学的许健教授等多位学者多年来对研究工作的鼓励与支持！本书研究工作还得益于与很多同行、同事的交流和讨论，在此对他们表示感谢。

本书研究得到了国家自然科学基金项目（项目编号：71903186 和 71988101）、国家社会科学基金重大项目（项目编号：19ZDA062）和中国科学院大学数字经济监测预测预警与政策仿真教育部哲学社会科学实验室（培育）基金的资助，还得到了中国科学院预测科学研究中心、中国科学院国家数学与交叉科学中心和中国科学院管理、决策与信息系统重点实验室等的支持。我们对这些机构的帮助和支持表示衷心的感谢！由于作者学识有限，书中难免存在不足之处，恳请读者提出宝贵意见。

田开兰　杨翠红<br/>
2022年8月于北京

# 目 录
## CONTENTS

**第 1 章　全球价值链与中国产业链的发展及演变** …………………………… 1

　1.1　全球价值链的形成与发展 ………………………………………………… 1

　1.2　全球价值链的理论及核算研究 …………………………………………… 3

　1.3　中国产业发展特征及矛盾演化 …………………………………………… 7

**第 2 章　全球价值链分工下产业比较优势分析** …………………………… 13

　2.1　引言 ………………………………………………………………………… 13

　2.2　产业比较优势的衡量方法 ………………………………………………… 15

　2.3　中国与其他主要经济体产业比较优势分析 ……………………………… 18

　2.4　区分加工贸易的中国产业比较优势测度与分析 ………………………… 24

　2.5　小结与政策启示 …………………………………………………………… 26

**第 3 章　全球价值链重构下中国面临的挑战** ……………………………… 29

　3.1　引言 ………………………………………………………………………… 29

　3.2　理论模型与数据 …………………………………………………………… 31

　3.3　中国承接产业转入的经济和就业效应 …………………………………… 37

　3.4　产业转出对中国 GDP 和就业的潜在冲击 ……………………………… 41

　3.5　我国应对产业布局调整的政策启示 ……………………………………… 45

**第 4 章　全球价值链分工下产业升级的测度与分析** ……………………… 49

　4.1　引言 ………………………………………………………………………… 49

　4.2　产业升级的衡量指标及其测算 …………………………………………… 50

　4.3　隐性变量与因子分析 ……………………………………………………… 55

4.4 产业升级测度结果分析 ································································ 60
4.5 主要结论与启示 ································································ 64

## 第 5 章 全球价值链参与度与产业升级关系的实证检验 ··················· 66

5.1 全球价值链对产业升级的影响概述 ································· 66
5.2 全球价值链参与度测度与实证模型 ································· 68
5.3 全球价值链参与度描述性分析 ······································· 71
5.4 实证结果分析 ································································ 74
5.5 小结与政策启示 ································································ 77

## 第 6 章 RCEP 重构全球产业链与中国机遇 ····································· 79

6.1 引言 ···················································································· 79
6.2 模型与数据 ············································································· 82
6.3 主要经济体参与全球价值链深度及广度的演变 ··············· 86
6.4 RCEP 的福利效应及其对全球价值链的重构影响 ············· 95
6.5 RCEP 重构区域价值链给中国的启示与机遇 ················· 106

## 第 7 章 中国产业调整趋势与升级策略 ··········································· 108

7.1 全球产业链加速重构下中国产业调整趋势 ···················· 108
7.2 提升产业链水平的内涵及主要发达经济体战略经验 ······ 112
7.3 提升中国产业链水平的潜在策略 ·································· 117

**参考文献** ································································································· 122

**附录** ··········································································································· 129

**彩图**

# 第 1 章
## CHAPTER 1

# 全球价值链与中国产业链的发展及演变

## 1.1 全球价值链的形成与发展

全球化是指国与国之间在经济贸易、跨境投资、人口流动和文化政治等方面的相互依存。工业革命以来，世界经济经历了两次明显的全球化浪潮。第一次起始于工业革命时期，直至第一次世界大战和"大萧条"后衰退。第二次则起始于第二次世界大战后，特别是 20 世纪 80 年代以来，随着信息通信技术的革新以及贸易投资的自由化、便利化水平不断提高，生产中的跨国分工与合作日益频繁。为实现成本最小化及最优化利用全球资源，众多企业选择将产品研发设计、购买原材料、零部件生产、加工组装、物流配送、市场营销、售后服务等各个环节，分散至全球不同经济体进行。附加值在每一个环节上被依次创造、累加，并通过国际贸易传递至下一个经济体负责的环节，进而形成全球价值链。

Baldwin(2006)将全球价值链分工这一过程描述为全球化进程中的第二次"解绑"。第一次"解绑"出现在生产者和消费者之间。工业革命以后，随着运输效率的提升及运输成本的下降，生产者生产的产品可以运输到不同地理位置的消费市场，与消费者在地理位置上的距离已不再是束缚企业发展的瓶颈，而消费者也可以在同一个市场上购买到来自世界各地的产品。第二次"解绑"则更多地发生在生产者之间。信息通信技术的飞速发展使得企业可借助电话、互联网等远程传达生产指令、协调生产进度，进而使跨越国境的生产分工合作成为可能，贸易壁垒的下降及投资便利化进一步加速了国际分工的发展。

全球价值链分工的迅速发展推动着全球贸易逐步地从最终品贸易走向中间品贸易。根据 WTO 的数据，2019 年，全球货物贸易中的中间品贸易已占到 2/3（其中在东亚地区贸易中占到 4/5），而 20 世纪 90 年代这个比例只有 1/3。最终产品的生产从一个国家单独制造发展为多个国家集结优势资源、协同生产、服务全球市场。发展中经济体也凭借在自然资源和劳动力成本等方面的优势融入全球化生产，生产阶段的标准化、专业化分工带来了全球产业链的急剧扩张。产业链、供应链和价值链的全球化已成为世界经济的典型特征，是全球经济系统的本质内容。

在全球化起伏发展进程中，第一次工业革命以来，全球制造业中心发生了六次较为明显的调整（崔晓敏，2021）。第一次调整发生在18世纪60年代，英国率先爆发工业革命，纺纱机、蒸汽机等发明帮助英国成为世界制造业中心，随后向欧洲大陆辐射，德国逐渐开始成为制造业重地。第二次调整发生在第二次工业革命后，美国逐步取代欧洲成为世界技术与制造业中心。这一时期，电力、钢铁、化工、铁路和航空等迅速发展，工业生产开始呈现规模化和标准化的特征。第三次调整发生在第二次世界大战后，美国依然是全球的科技和经济中心，但在美国的扶持下，德国、日本工业开始恢复，一些制造业开始向两国转移。第四次调整则发生在20世纪60~70年代，随着德国、日本人力成本上升，劳动密集型的纺织服装等行业开始向劳动力禀赋高、要素成本低廉的亚洲四小龙地区（韩国、新加坡、中国台湾和中国香港）转移。第五次调整发生在20世纪80年代后，劳动密集型行业及生产环节从亚洲四小龙地区向中国大陆（内地）和亚洲四小虎地区（印度尼西亚、泰国、马来西亚和菲律宾）转移。这一时期，全球价值链分工开始蓬勃发展。第六次调整则主要是中国加入WTO之后逐渐成为世界工厂和最大的出口方。2008年金融危机之后，中国劳动力成本和环境成本不断攀升，中国面临的贸易保护主义增多。尽管中国仍然保持着全球制造工厂的地位，但劳动密集型产业已在涓滴式地向生产成本更低的东南亚、南亚和非洲等地区转移。受新冠疫情的冲击，全球产业布局或加速调整。

整体上，21世纪以来，全球产业链逐步从"亚太-欧非"两极模式演变为北美、欧洲和亚洲三足鼎立的局面（鞠建东等，2020）。20世纪90年代，大多数亚太地区经济体依附于以美国为首的"亚太社团"，形成以美国为中心、日本为副中心的亚太产业链。欧洲和非洲国家则构建了以德国、英国和法国为核心的欧非产业链。21世纪初，亚洲经济体之间的相互依赖不断增强，逐步从"亚太社团"中分离，形成了与欧洲、北美产业链规模大体相当的亚洲产业链，并以中国为中心，日本、韩国、新加坡等为副中心。这一时期，全球产业链调整有两个鲜明特征。第一，发达经济体与发展中经济体间的贸易往来加强，尤其是欧洲、北美与亚洲产业链间的贸易往来明显增强，产业链关联愈发紧密。第二，欧洲和亚洲区域内贸易的重要性不断增加，形成北美、欧洲和亚洲产业链"三足鼎立"的格局。未来，在"一带一路"和RCEP等合作倡议与协定的带动下，亚洲区域经济一体化程度或将进一步提高。

## 1.2 全球价值链的理论及核算研究

全球价值链分工模式形成以来，已有众多学者就全球价值链的概念内涵、形成机制、影响因素等开展了理论研究，提出的模型方法从产品—企业—产业多个层面开展全球价值链的核算，这些全球价值链的理论及核算研究为本书后续章节在全球价值链视角下研究产业升级提供了重要的理论和方法基础。

### 1.2.1 全球价值链的概念及理论研究

价值链的概念较早由 Porter（1985）提出，描述的是单个企业的价值创造过程被细分为若干相对独立，但在功能上又彼此关联的生产经营活动，这些经营活动创造的价值进而串联形成价值链的最初形态。考虑到企业间交流与协作的日益频繁，Porter（1985）进一步提出了一个上承供应商、下接分销商的价值链系统概念，将原局限于单个企业内部的价值链拓展到企业间。管理学领域亦将这种企业间的纵向合作称为供应链管理。

随着通信技术的发展、运输成本的下降及社会分工专业化程度的进一步提高，供应、生产和销售等的合作不再局限于某个区域或者某个经济体内，跨地区、跨国企业之间的纵向合作成为可能。面对这种变化，Gereffi 和 Korzeniewicz（1994）提出了全球商品链的概念，链上的参与者从某个国家内部扩展至全球的各类企业或机构，从而实现资源的全球性优化配置。为了摆脱商品一词的局限，并突出价值在生产网络中的创造和传递，Gereffi（2005）采用了全球价值链的术语，考察国际生产网络的治理结构与网络内企业之间价值分布。类似的概念还包括国际供应链、跨境生产网络和全球垂直生产网络等。与这些概念不同的是，全球价值链更强调全球化生产过程中的价值创造过程，因此，在现在的经济学研究中更为常用。

价值链与供应链、产业链三者相互联系，但也具有一定的差异。价值链强调的是在设计、生产、销售和运输产品的过程中进行的各种活动所创造的价值形成的链条或网络。供应链强调的是在生产及流通过程中，将产品或服务提供给最终用户活动的上游与下游企业所形成的网链结构或投入产出关系。狭义的产业链包括价值链和供应链两个方面，广义的产业链除了狭义产业链之外，更包括产业间的网络关联。整体上，产业链、供应链反映的是一种特殊形式的社会分工协作网络，它既不同于基于产业间分工而形成的网络，也不同于基于产业内分工而形成的网络，而是一种基于产业链分工而形成的网络,其典型形态是模组化纵向网络。其运作逻辑是，一种产品的生产、交换、流通、分配等环节被片段化，各个片段需通过链式集合后才能形成最终产品。

生产分工的全球化和中间品贸易的快速发展不仅使得价值链的概念产生了延伸与转变，也使得国际贸易理论研究产生新的发展。在传统的贸易模型中，国家间的分工主要发生在最终产品层面。然而，随着生产分工从企业内部走向企业间、区域间直至全球化，传统贸易模型中有些基于最终品贸易的设定已经不再适用，在这一背景下，序贯生产（或分阶段生产、垂直专业化生产等）和任务贸易等概念被引入传统贸易模型中，从而更好地反映全球价值链分工形态。

任务贸易由 Grossman 和 Rossi-Hansberg（2008）提出，这一概念将全球价值链上贸易的范围从最终产品、中间投入品等实物扩展至附加值创造的每一个环节，即每一项任务，每项任务依靠不同的生产要素完成。企业可将任务外包给国外企业完成，不同类型的任务具有不同的经济收益和离岸生产可行性，因此，企业将在对成本和收益进行权衡评估后再决策将哪些任务外包。任务贸易使得附加值在不同的国家或地区被创造，并通过国际贸易在价值链网络中传递，进而又形成了增加值贸易的全新概念。

在全球价值链分工中，一个国家已不仅仅是在最终产品层面分工生产，往往集中于价值链上的特定环节进行生产。那么，什么因素在影响价值链上的分工结构？李嘉图的比较优势理论和赫克歇尔－俄林模型的要素禀赋理论等传统贸易理论认为国家间要素禀赋的差别决定了各国的比较优势，从而决定了分工结构和国际贸易格局。然而，一些新的理论模型研究表明还有一些其他因素也影响着全球价值链上的分工格局。例如，Baldwin 和 Venables（2013）从企业外包决策的角度对全球价值链上的生产结构进行了分析。该研究将产品的生产结构分为蛛形和蛇形两种：前者表现为某一个生产环节（如装配）处于核心节点，其余环节均与之相连；后者代表了从上游至下游的依次生产模式。在实际生产中，两种组织方式往往混合出现。企业在组织生产时需进行抉择，一方面，地理位置上的靠近可降低相邻环节间的协调成本；另一方面，不同环节的生产中所使用的要素比例不同，进而可通过外包来利用国家间的要素价格差异降低生产成本。因此，最终的均衡分工格局并非仅由国家间要素禀赋的差异决定，还会受到各环节间协调成本的影响，并与产品生产结构（蛛形或蛇形）相关。Costinot 等（2013）从技术差异的角度出发，分析了价值链上的分工决定因素。该研究将技术差异表示为一国在生产中的出错概率。基本模型假设为：一件产品的生产包含若干前后连续的步骤，且每一步都存在出错的可能，一旦出错，将无法继续下一步的生产。该模型在自由贸易均衡下存在唯一解，国家间生产率的绝对差异（生产率高的国家在每一步生产中犯错的概率都较低）决定了分工中的比较优势。由于生产后期的犯错代价较高，因此生产率高的国家集中在更接近最终产品的价值链下游生产。

Antràs 和 Chor（2013）首次在新新贸易理论框架下，结合产权理论与连续生产模型，将全球生产视为连续的序列过程，建立了厂商组织形式选择模型，研究全球价值链分工如何影响最终品生产商与不同上游供应商之间的契约关系，以及如何沿着价值链来配置控制权以引导上游供应商贡献其最大的努力程度。该研究表明，沿着价值链的所有权最优配置取决于生产阶段是序贯互补的还是替代的。当最终产品商面临的需求弹性大于投入可替代性时，投入是序贯互补的，则存在唯一的临界值生产阶段，在其之前的相对上游阶段生产工序都外包，而在临界值之后的相对下游的所有生产工序一体化生产。反之，需求弹性相对低于投入可替代性，阶段投入是序贯替代的，得到相反的结论，对相对上游阶段生产工序的最优策略是一体化生产，相对下游生产工序的最优策略是外包。

## 1.2.2 全球价值链核算

传统的贸易数据以贸易总额为统计基础，无法区分全球价值链分工下序贯生产过程中各生产环节的价值创造者。一国的出口额既包含了本国创造的附加值，又包含了来自之前所有生产环节的累加部分，产生重复计算问题，扭曲了双边及多边贸易的不平衡状况。随着全球化分工的日益细化、中间品贸易比重的提高，这一问题愈发严峻。为正确衡量各经济体在全球化分工中获得的经济收益，多种全球价值链的核算研究应运而生。从目前的研究来看，全球价值链的核算研究可以概括为四类：通过企业调查数据和贸易数据对单个产品或单个产业进行研究；利用单国投入产出模型对一个国家进行分析；从区域或全球角度利用国际投入产出模型进行整体分析；利用大样本微观企业数据计算企业、行业和总体的出口增加值率。

对某种产品或某个产业的全球生产链的追踪，主要是在企业数据和贸易数据的基础上，通过一系列估计和推算进行研究。比较典型的案例分析包括苹果产品和诺基亚手机等。这些研究大都揭示了中国等发展中经济体在全球生产链，尤其是技术密集型生产链中获得的增加值是非常有限的，而大部分增加值被美国、日本和韩国等发达经济体所获得。案例分析为全球价值链研究打开了视窗，但这类研究无法衡量某个经济体整体的贸易利益。产品之间存在错综复杂的消耗关系，一种产品的生产往往需要其他产品作为中间投入，因此，国际分工的增加值分配与其说是全球价值"链"，不如说是全球价值"网"。仅对单个产品和单个产业进行分析，很难正确把握整个生产过程和全面的全球价值链信息。

投入产出模型利用棋盘式的格局，能够清晰地反映出各个国家或地区及各个部门之间产品的生产消耗关系，目前，投入产出表已成为追踪产品流向和全球价值链的主流工具。利用单国投入产出模型对全球价值链的研究主要从两个角度进行：研究出口中包含的国内增加值（国内成分）及研究出口中包含的进口品（国外成分，称为垂直专业化）。垂直专业化较早由 Hummels 等（2001）量化定义为一国出口品中包含的进口品，或者一国生产的出口品被其他国家作为中间投入且再次被出口的部分。刘遵义等（2007）证明了出口总值等于其包含的国内增加值和进口值之和，因此对单位出口增加值和垂直专业化率的研究实际上是对同一问题的不同角度的解释。同时，他们基于出口增加值测算了中美双边贸易差额，发现基于贸易总值的测算远远高估了中国在中美贸易中的顺差地位。

单国投入产出模型的研究对象为单个经济体，无法刻画全球化分工下各经济体之间的产业关联及生产分布，因此，常常利用区域间或国家间投入产出表来对全球价值链进行整体分析，研究各经济体在全球价值链中的经济收益和产业位置等问题。Johnson 和 Noguera（2012）较早提出了一套利用国家间投入产出模型测算双边贸易中的国内增加值和国外增加值的方法，并证实了利用增加值和贸易总量衡量的双边贸易差额具有很大差别。Koopman 等（2014）将出口总值按照价值流向分解为增加值出口、返回的国内增加值、国外增加值和纯重复计算的中间品贸易等组成部分，从而对价值链进行了较为系统的追踪。王直等（2015）进一步将分解贸易流的方法延伸至双边贸易和部门层面。Los 等（2016）则提出较简捷的假设提取法来分解一国单边及双边贸易流，与 Koopman 等（2014）的方法所得分解结果一致。Dietzenbacher 和 Romero（2007）构建了平均传送长度（average propagation length，APL），来确定生产网络中平均每个分支上包含的生产阶段的数量。Antràs 等（2012）提出了衡量一个产业在价值链中地位的上游度指标和价值链长度指标。唐宜红和张鹏杨（2018）分析了中国企业嵌入全球价值链的位置及变动。祝坤福等（2022）对全球价值链中跨国公司的增加值进行了溯源。Johnson（2014a，2014b）、Baldwin 和 Lopez-Gonzalez（2015）及 Antràs 和 de Gortari（2020）等的研究也为全球价值链核算研究提供了坚实的方法和重要的研究启示。

除了对贸易总值进行分解外，研究者也通过分解最终品对价值链进行分析。例如，Timmer 等（2014）利用世界投入产出数据库（World Input-output Database，WIOD），将每个国家每种最终产品的价值分解为各国各行业所贡献的劳动者报酬和资本报酬，从而对价值链进行分析。Los 等（2015）将世界经济分为四大区域，将最终产品生产的国际分工程度分解为区域内分工程度和区域间分工程度，并发现 1995 年至 2009 年国际分工程度的加深，更主要是区域间分工程度的加深，这说明当前的国际分工是真正的全球化，而不仅仅是区域化。Wang 等（2022）提出了分别分解增加值和最终品进而衡量全球价值链的前向参与度和后向参与度。

除利用投入产出模型外，一些研究者也基于微观企业层面的数据，把握每个企业在投入品选择上的异质性，基于由微观到宏观的思路，对中国企业、行业和总体的出口增加值率进行研究。例如，Upward 等（2013）、Kee 和 Tang（2016）和张杰等（2013）利用中国海关数据与中国工业企业数据库进行匹配，进而测算中国企业的出口增加值,他们均发现中国出口中的国内增加值率随时间不断增加。

在进行全球价值链的核算时,需要注意的一个重要问题是不同类型企业之间在投入结构、技术水平和对外贸易等方面存在明显的异质性,忽视这些异质性有可能使全球价值链的相关核算结果及定量研究结论产生一定的偏差。因此,不少研究者从企业异质性角度对全球价值链相关问题进行了研究,主要涉及贸易方式异质性（刘遵义等,2007;Yang et al.,2015;Chen et al.,2019）、企业所有权异质性（Ma et al.,2015;Jiang et al.,2015）和企业规模异质性（Chong et al.,2019）等方面。

全球价值链的核算是从贸易增加值口径修正传统贸易差额,贸易增加值关注的是国内生产总值（gross domestic product,GDP）,其中包含了支付给外国生产要素的报酬,这部分并不属于本国国民总收入（gross national income,GNI）,而国民总收入才是真正属于本国的经济收益,也是人民福祉提高的根本保障。资本等要素的跨国流动日益频繁,使得出口生产对外国要素的依赖也愈加显著,出口增加值包含支付给外国要素的报酬,因而仍无法反映实际出口收益。贸易的最终目标是增加国民总收入和增进国民福祉,因此,一些研究提出以反映收益所有权和控制权的国民总收入指标衡量贸易的经济收益是更为确切的方法（李鑫茹等,2018,2021;Bohn et al.,2021）。然而,由于数据和方法等方面的限制,相较于全球价值链,目前对全球收入链的研究仍然较少。

## 1.3　中国产业发展特征及矛盾演化

改革开放以来,中国在经济体制、发展目标和工业化战略等方面发生了较大的变化,并积极发挥比较优势参与国际分工,推动了经济总量的高速增长和发展水平的不断提高,与之相伴,产业结构也发生了显著变化,并具有明显的阶段性特征。当前,中国已进入由中低收入国家向中等偏上收入国家迈进的时期。随着全球化分工模式、国内外环境条件的变化,以及工业化阶段性变化,中国产业结构矛盾呈现出与以往不同的特征。总体而言,中国产业结构矛盾表面上存在三大产业之间关系的不协调,实质上是产业链和价值链过度集中于生产和加工制造环节的中低端,研发、设计、供应链管理、营销、品牌等中高端环节滞后或缺失,由此带来产能过剩问题突出、能源和资源环境压力加大、国民总收入增长缓慢等一系列问题。

### 1.3.1　中国产业结构变化的阶段性特征

改革开放以来,中国产业结构发生了显著变化,大致可以分为四个阶段:改革开放初期短暂的非正常变化时期,20世纪80年代中后期以轻工业为主导的时期，20 世纪 90 年代至 21 世纪初以重工业为主导的时期，以及 2008 年金融危机之后第二产业占比稳定下降、第三产业占比稳定上升的时期。

1）改革开放至 20 世纪 80 年代中期产业结构的非正常变化

在这一时期，一是扭转改革开放以前过分强调积累、抑制消费和以农业补工业的做法，重点解决吃穿问题；二是改变过去重工业内部循环过强的状况，增强重工业为轻工业服务的功能。由此带来了中国产业结构的非正常变化，产业结构变化与一般工业化国家变化特征相反。

1978 年至 1983 年，第一产业占 GDP 比重由 27.7%上升至 32.6%；第三产业占比变化不大，维持在较低水平；第二产业占比由 47.7%下降至 44.2%，然后开始有所回升（图 1.1）。由于改革开放激活了农村劳动力的活力，农业劳动生产率得到较快提高，农业剩余劳动力也开始大规模向非农产业转移。第一产业就业比重由 1978 年的 70.5%迅速下降至 1984 年的 64.0%。

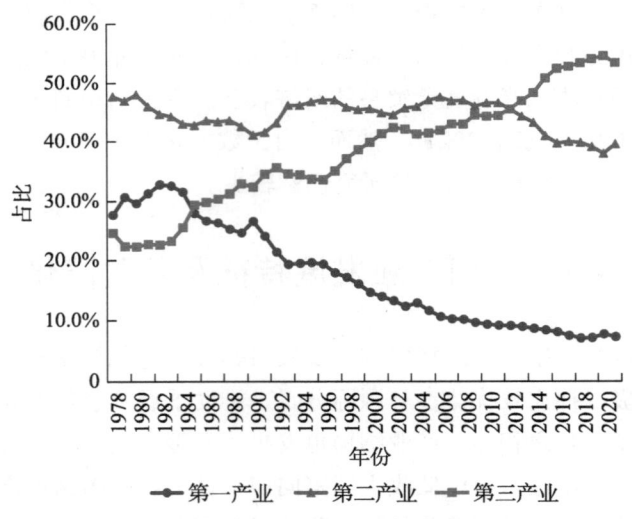

图 1.1　改革开放以来中国三大产业结构演变轨迹

资料来源：国家统计局

2）20 世纪 80 年代中期至 90 年代初期的轻工业化阶段

改革开放激活了企业活力，生产水平得以提高，居民收入水平增长，消费扩张与升级，推动了经济增长和产业结构变化，中国产业结构变化进入正常轨道，并呈现出初步升级的特征。从三大产业来看，第一产业占比快速下降，第二产业占比基本稳定，第三产业占比大幅度上升。第一产业占比由 1983 年的 32.6%下降至 1994 年的 19.5%，并继续下降。由于这一阶段基本解决了人民生活温饱问题，但就业压力与第三产业发展不足的矛盾日益突出，第三产业成为发展重点。第三产业占比由 1983 年的 23.2%上升至 1992 年的 35.6%，是改革开放以来第三产业比重上升最快的时期。

这一阶段，尽管第二产业的比重变动不大，但内部结构有所变化。人民需求由满足吃穿转向对用的需求，家庭设备用品及服务所占比重上升，手表、自行车、缝纫机、电视机、电风扇等家庭设备需求增长。这些需求的变化使得轻工业在保持快速增长的同时，内部结构升级加快，以满足吃穿为主的以农产品为原料的轻工业增长速度减缓，而以满足用的需求的以非农产品为原料的轻工业领先增长。这些变化也为重工业提供了发展基础。

3）20世纪90年代至21世纪初以重工业为主导且产业结构高级化的阶段

20世纪90年代以来，中国经济增长动力发生了重要变化，消费经济增长的贡献下降，投资成为经济增长的主要带动因素。与此同时，中国积极发挥比较优势，扩大对外开放，参与国际分工程度加深，特别是加入WTO以来，净出口对经济增长的贡献率较大幅度提高。经济增长动力的变化带动了产业结构的快速变化，第一产业占比继续由1994年的19.5%下降至2010年的9.3%；第二产业占比由1990年的41.0%上升至2006年最高的47.6%；第三产业占比继续上升，由1992年的35.6%上升至2007年的42.9%。从20世纪90年代至21世纪初，第一产业的过剩劳动力快速向第二产业和第三产业转移，第二产业吸纳的就业比重明显上升，第三产业更是成为吸纳就业的主导力量。

这一阶段，投资上升、贸易高速增长和消费升级带动了工业的高速增长。固定资产投资、建筑业、交通通信等带动的主要是重工业，与此同时，电子及通信设备制造业、电气机械及器材制造业、仪器仪表及文化办公用机械、部分机械设备制造业等产业的出口增长也带动了重工业的发展。2007年，重工业在规模以上企业总产值中的比重超过70%，比1990年高出20个百分点，而轻工业所占比重则下降了20个百分点左右，主要用于满足人们基本生活需求的食品、纺织服装和烟草所占比重大幅度下降。

4）2008年金融危机以来第二产业占比稳定下降、第三产业占比稳定上升的阶段

2008年金融危机之后，全球贸易增速有所放缓。与此同时，我国迈入由工业化中期向工业化中后期转变的过渡时期，第一产业占比继续下降，但下降幅度已较小，由2010年的9.3%下降至2019年的7.1%；第二产业占比逐渐稳定下降，由2006年的47.6%下降至2019年的39.0%，下降了8.6个百分点，下降幅度较大；第三产业占比继续上升，由2007年的42.9%上升至2020年的54.5%，上升了11.6个百分点，上升幅度较大。

进入21世纪以来，第三产业发展加快，特别是2010年以来，第三产业所占比重较快上升。与此同时，在第三产业内部，交通运输、仓储和邮政业、住宿和

餐饮业等行业比重下降，而科学研究、技术服务、地质勘查业、租赁和商务服务业、教育、卫生、社会保障和社会福利业、文化、体育及娱乐业等行业的比重上升。

### 1.3.2 中国产业链总体特征及面临的重要挑战

中国产业结构的变化总体上表现出适应市场需求、朝着升级方向演变的特征，这支撑了国民经济的较快速发展。然而，中国经济面临的结构性矛盾也已经成为共识，产业结构呈现某种低度化和供给结构与需求结构脱节的特征，步入工业化中期向工业化后期的转变时期，工业和制造业占比逐渐下降，但是制造业特别是技术密集型制造业呈现出名义高度化较快但实际高度化不足的特征。

1) 产业结构总体上适应了市场需求变化，朝着升级方向演变，推动了我国经济的较快发展

合理的产业结构能够促进经济发展，从增长效应来看，改革开放以来，尤其是加入WTO以来，中国产业结构变化适应了市场需求变化，推动了经济发展。首先，从三大产业来看，第一产业比重下降，经济增长以工业为主导，金融危机之后，第三产业发展较快。第二、第三产业成为就业增长的主体，显示出工业化阶段产业结构变化的一般特征。其次，产业结构内部变化适应了市场需求变化。一是与投资需求成为经济增长的主导趋势相适应，原材料和装备制造等重工业得到快速发展；二是适应消费结构由温饱为主向享受和消费便捷升级转变的需要，电子通信计算机及耐用消费品、汽车和房地产快速增长，而食品、纺织等满足基本生活需求的轻工业因需求弹性较低而增长相对较慢；三是产业结构适应了全球化和国际分工的要求，具有比较优势的出口导向型行业得以快速发展。最后，服务业保持与国民经济同步发展态势。

2) 以传统产业理论的标准来衡量，中国产业结构呈现名义高度化较快的特征，但事实上，我国产业结构存在实际高度化不足

2010年，我国制造业在GDP中的比重达到37%，虽然近年来有所下降，但这一比重依然大大高于同等收入水平的发展中国家。尤其是制造业中通信设备、计算机及其他电子设备制造业、电气机械及器材制造业、交通运输设备制造业等高加工度行业所占比重提高，技术密集型制造业快速发展，产业技术水平明显提高。与此同时，出口结构也呈现明显的名义高度化，工业制成品中，以纺织服装等为代表的劳动密集型产品所占比重下降，以机械、电子和运输设备等为代表的高加工度产品所占比重上升，机电产品和高新技术产品成为出口的主导。

然而，事实上，我国产业结构存在实际高度化不足的问题。一方面，中国产业资源和能源消耗比较大，行业内部加工深度不足、增加值率低。近年来，虽然我国产业资源和能源的利用效率及加工深度都有所提高，但依然存在较大的升级

空间。另一方面，我国名义上的技术密集型产业比重提高较快，但实际上的高技术产业比重低。提高技术密集型产业的比重被认为是产业结构升级或结构高度化的重要标志，但上述结构高度化只是名义上的或部门比例上的，从实际技术含量角度来看，中国产业结构呈现出实际高度化与名义高度化明显偏离的特点。这主要是因为全球化的分工使得我国在通信设备、计算机及其他电子设备制造业、电气机械及器材制造业等技术密集型产业的全球产业链上主要集中于劳动密集型加工组装环节，使得这些产业于中国而言不是单纯的技术密集型产业。比如，中国全部制造业的科学研究与试验发展（research and development，R&D）经费强度是美国的 1/4，高技术产业的 R&D 经费强度是美国的 1/8。如果按照产业中的 R&D 经费强度这一标准，中国真正属于技术密集型产业所占比重将严重降低。

3）工业比较依赖加工制造环节，技术来源对外依赖度高，关键技术缺乏，决定市场地位和附加值含量的产业链两端的关键环节与生产性服务业发展滞后成为中国产业升级面临的最主要挑战

20 世纪 90 年代以来，随着信息技术和交通运输业的发展，国际分工不断深化，产品生产按照技术复杂程度被拆分为多个独立的环节在全球范围内进行布局。发达经济体将重点放到研发设计、品牌和营销渠道等高附加值环节，发展中经济体则主要承担劳动密集型环节或零部件的加工组装。在此条件下，国别之间的分工便由过去的发展中国家提供初级产品、进口发达国家的制成品的产业之间的分工转变为制成品内部不同要素密集的部件或生产环节之间的分工，产业升级也不仅仅是产业链的升级，还更多表现为从贴牌生产到原始设计升级再向自主品牌生产的功能升级。中国积极融入这种分工模式治理之下的全球市场中，承接了大量加工制造环节，由于加工制造技术门槛低，产能扩张很快，经济总量迅速发展。然而，在全球价值链中的地位也较低，甚至可能会被锁定在价值链底端，而发达经济体所占据的产业链、价值链两端，则有着较高的利润率，形成所谓的"微笑曲线"。

中国通过参与低附加值生产环节融入全球价值链的方式也使得中国芯片、软件等高端技术产品受制于人情况严重，国内相关产业链完整度较低，部分领域基础环节存在明显断链。根据国家统计局编制的 2018 年中国非竞争型投入产出表，我国 92 个制造业部门在生产过程中的平均进口依赖度（进口中间投入价值/总中间投入价值）为 13%。其中，有 16 个制造业部门的进口依赖度超过 20%（图 1.2），高进口依赖度部门主要集中在技术密集型制造业，如广播电视设备和雷达及配套设备（46%）、通信设备（44%）和计算机（44%），以及大宗商品加工业，如精炼石油和核燃料加工品（52%）、植物油加工品（30%）和铁及铁合金产品（30%）。

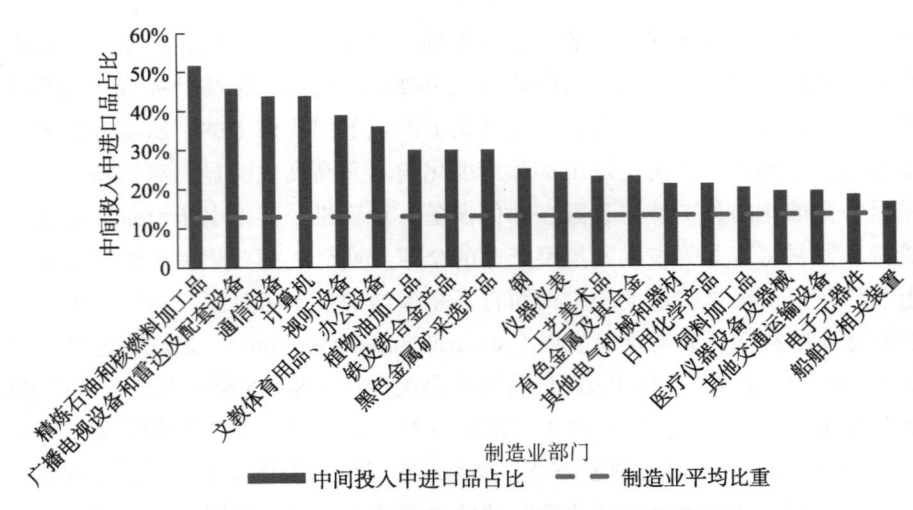

图 1.2　2018 年中国部分制造业部门进口依赖度

此外，2020 年中国 90% 以上基础软件、95% 以上工业软件从国外企业进口。在芯片方面，2020 年中国进口芯片 3500 亿美元，占当年进口总额的 16.9%，是铁矿石进口额的 3 倍，芯片严重被美国"卡脖子"，以华为为例，因芯片短缺等问题，2021 年二季度手机出货量 1650 万台，同比下降 70.4%。仪器仪表、高端医疗机械设备、高端数控机床等严重依赖进口，一旦美国等西方经济体在关键环节对中国进行针对性封锁，将产生严重后果。

随着全球外部环境的变化及我国劳动力成本上升、资源环境约束趋紧，我国制造业面临中高端节点向发达国家回流和中低端节点向其他发展中国家分流的双重压力，中国产业已步入亟须进行价值链升级的阶段。因此，中国产业升级的矛盾为以产业结构和行业结构变化为标志的名义高度化较快，而附加值、技术含量为主要特征的实际高度化水平较低。从产业链和价值链的角度，中国产业升级的矛盾为产业多居于价值链的低端，市场调研、研发、设计、咨询、营销、供应链管理、物流和品牌等关键环节薄弱，在产业结构上则体现为加工制造业的过快扩张与生产性服务业的滞后。国际比较表明，中国的服务业比重过低主要是因为生产性服务业如金融、保险、咨询、技术服务等比重偏低。

造成产业发展的矛盾，既有发展阶段、全球化分工模式变化和中国产业发展模式的原因，也有体制机制环境的因素。在解决产业发展的矛盾中，下一阶段要考虑以下几点：一是如何突破关键技术与环节，提升产业分工层级，提升产业结构的实际高度化水平；二是完善要素流动的市场和体制环境，推动三大产业及各产业内部的融合和互动；三是通过体制和技术等多维创新与产业结构调整，转变经济发展方式，实现健康可持续发展。

# 第 2 章 全球价值链分工下产业比较优势分析

CHAPTER 2

比较优势是各个经济体同类产业或者同类企业之间生产成本相互比较而产生的相对结果，反映了各个经济体生产力及国际竞争力的差异。从一个国家特定产业参与国际市场竞争的角度看，某产业的比较优势表现为该产业相对于外国竞争对手的生产力的高低。因此，产业比较优势的实质可以表示为：在国际自由贸易条件下，一个经济体特定产业以其相对于其他经济体的更高生产力或者更低生产成本，向国际市场提供消费者需求的更多产品，并持续获得盈利的能力。对产业比较优势的分析常常是制定产业政策及贸易政策的重要基础，因此，本章将从海关全口径及贸易增加值口径两个视角出发，综合分析中国及其他经济体主要产业的比较优势在不同年度间的变化。

## 2.1 引　　言

改革开放以来，中国出口贸易取得了快速的发展，1978 年至 2007 年年均出口增长率达到了 20%以上，对中国经济的快速增长起到了至关重要的推动作用。自金融危机以后，全球与中国外贸增速放缓。2020 年，受到新冠肺炎疫情冲击，全球贸易急剧下降。在发展进程中，中国外贸遭受到欧美国家的质疑也越来越多，其中一个主要的顾虑便是中国外贸竞争力的增强会抢夺欧美国家的市场份额和就业市场，特别是随着中国对外贸易结构的改善，中国机电产品和高新技术产品的出口份额越来越高，欧美国家对中国外贸的排挤也越来越强烈，因此，中国经历了贸易保护措施的活跃期。

长期以来，中国出口贸易主要是依靠低廉的劳动力成本和资源环境代价快速发展起来的。然而，中国劳动和资源密集型产品出口份额逐渐降低，技术和资本密集型产品出口份额逐渐上升，是否意味着中国的出口比较优势已经实现了从依靠劳动和资源到主要依靠资本和技术的转变？是否意味着中国的技术密集型产品的出口竞争力已经发展到足以对欧美国家技术类产品构成威胁？要回答这些问题，需要对中国产业出口的比较优势的变化趋势和现状进行深入研究。

国际贸易研究中，广泛使用巴拉萨提出的 RCA 指数来衡量一国在某种出口品生产上的竞争优势（Balassa，1965）。RCA 指数是指某产品出口总额在该国总出口中的比例相对于全球该产品出口总值在全球总出口中所占比例的大小。李钢和刘吉超（2012）、金碚等（2013）利用 RCA 指数计算了中国产业国际竞争力的现状及演变趋势，发现中国制造业产业国际竞争力有较大程度提升。

巴拉萨提出的 RCA 指数得到了学者的广泛推广和应用，但是在全球价值链分工背景下，RCA 指数遭到了不少的争论和质疑。巴拉萨的理论假设是各国进行水平分工，同时一种商品的生产全部在一国内部完成，产业的边界以国家为界，因此海关统计的贸易额全部为出口国所有。然而，在全球价值链分工背景下，很多出口产品的价值实际上被很多国家（地区）分享，而不是仅由最终出口该产品的国家（地区）占有。对于生产环节全球化的产品，从贸易总量的角度来衡量一国在该种产品出口上的比较优势，可能存在严重的误导性。在这一背景下，一些学者（Timmer et al.，2013；Koopman et al.，2014；田开兰等，2017）提出了从贸易增加值视角测度一个国家或产业的出口竞争优势。

事实上，已有一些文献意识到了传统指数的缺陷，并从贸易增加值这一视角对中国的出口比较优势进行测度。比如，戴翔（2015）及郭晶和刘菲菲（2015）基于贸易增加值分别测算了中国制造业和中国服务业的比较优势，张禹和严兵（2016）则进一步基于比较优势与全球价值链测算了中国产业的国际竞争力。然而，这些基于贸易增加值测算中国比较优势的研究都忽略了中国加工出口比重很高这一特征。2007 年中国加工贸易出口占货物总出口的比重高达 50%，2010 年之后，这一比重虽逐渐下降，但仍然保持在较高水平。特别地，在中国的电子和电气设备等技术密集型产品出口中，加工出口比例更高。加工出口企业与一般贸易企业在投入结构等方面存在较大的异质性，加工出口企业通常从国外进口大量原材料及零部件，经过加工组装为成品后再出口到国外，相比一般贸易生产，加工出口企业与国内生产部门的联系较弱，产生的增加值较少（Chen et al.，2012；Koopman et al.，2012）。如果简单地将加工出口与一般贸易出口同等对待，即便是从贸易增加值视角测度 RCA 指数，也将会高估这些加工出口比重大的产品的比较优势。

测度贸易增加值最常用的方法是基于非竞争型投入产出表计算，然而，可惜的是，与其他国家的投入产出表类似，中国官方公布的投入产出表没有对加工贸易生产在投入结构上的异质性进行区分。这会使得一些测度研究中存在严重的核算偏差，如测度出口中隐含的国内增加值或国外增加值（Chen et al.，2012；Yang et al.，2015）、测度贸易中的碳排放（Dietzenbacher et al.，2012）。为了反映中国加工贸易的重要异质性，中国科学院课题组（Chen et al.，2012；Yang et al.，2015）提出并与国家统计局合作编制了中国的反映加工贸易的非竞争型投入产出（DPN）表。该表将中国国内生产区分为满足国内需求生产（D，domestic production）、加工出口生产（P，processing export）和非加工出口生产及外商投资企业的其他生产（N，non-processing export，也称一般贸易出口）三种类型。基于中国的 DPN 表和 WIOD，Chen 等（2019）编制了 2007 年反映中国加工贸易的 59 部门国际投入产出表。与此同时，利用中国提供的相关数据，经济合作与发展组织（Organization for Economic Co-operation and Development，OECD）拓展推导编制了 1995~2018 年的区分中国加工贸易的国际投入产出表，本章将利用该数据库的投入产出表分别核算分析区分加工贸易前后中国产业的出口比较优势。

本章将沿用"基于贸易增加值测度出口比较优势"这一做法，利用出口增加值替代海关统计的贸易总额定义新的 RCA 指数测度显性比较优势。新的指数既考虑了国内产业之间的关联，又考虑了国际分工，可以更为准确地衡量全球价值链分工下出口产业的竞争力。在此基础上，本章考虑了中国加工贸易的异质性，利用区分中国加工贸易的国际投入产出模型核算中国的比较优势，这有助于我们清楚地了解中国的电子和电气设备等技术密集型产品的真正出口比较优势。

## 2.2 产业比较优势的衡量方法

比较优势理论是在亚当·斯密的绝对优势理论基础上提出来的，是指分工中拥有的相对有利条件（比较优势因素）和因此形成的分工结果（比较优势产业或部门）。比较优势是不断变化的，即动态的，目前关于比较优势的动态变化，一般从两个角度来描述：一种是侧重于比较优势产业的变化，如分工部门从纺织服装行业演变到电子行业；另一种是侧重于要素密集程度和分工地位的变化，如分工从劳动密集型部门向资本密集型部门的变化。事实上，在生产工序全球化分割的背景下，比较优势的动态变化还应涵盖分工环节的变化。因此，动态比较优势是指随着时间的变化，要素与经验积累、生产条件改进和技术进步等，要素质量提高，新的更高级要素产生，比较优势部门升级或比较优势生产分工环节提升，分工地位提高。

### 2.2.1 基于贸易总额的传统比较优势指数

常常使用 RCA 指数来衡量一个经济体在某种出口品生产上的竞争优势。传统 RCA 指数（traditional RCA，TRCA 指数）是指一个经济体（产业）出口总值在该经济体总出口中的比例相对于全球该产业出口总值在全球总出口中比例的相对比较值。当 RCA 指数大于 1 时，表示该经济体这一产业的出口具有比较优势，产业竞争力强；当 RCA 指数小于 1 时，表示该经济体这一产业的竞争力相对较弱。

在全球价值链分工形势下，TRCA 指数忽略了国际分工和国内产业关联。首先，随着国际分工的日益深入，中国在生产出口品时往往需要进口大量原材料、零部件等，如果出口产品中使用了较多的进口部件，那么出口额中将包含外国价值，即使 TRCA 指数较高，也无法说明该国在生产该种产品时具有较高的竞争力。比如，中国组装出口的苹果手机中大部分价值属于国外，基于海关统计的出口额构造的 TRCA 指数显然会高估中国苹果手机的比较优势。

其次，TRCA 指数忽略了国内产业关联。在一个经济系统中，各部门之间存在着错综复杂的关联关系，一个产业部门的生产需要消耗其他部门的产品，该部门产品也会作为投入品被其他部门消耗。因此，一个部门生产出来的产品出口优势不仅体现在本部门的直接出口中，还体现在下游部门的出口中，因为国内某部门的价值可以隐含在该国其他下游产业出口品中实现间接出口。

鉴于 TRCA 指数的缺陷，不少学者、政府和国际组织提出从贸易增加值的角度来定义 RCA 指数，利用投入产出模型计算的出口增加值有效地排除了某部门出口品中进口的价值，同时又考虑了某部门价值通过其他产业出口品实现间接出口的部分，能够更为准确地衡量产业出口的比较优势。

### 2.2.2　基于贸易增加值的比较优势指数

在全球价值链视角下，新的基于贸易增加值的 RCA 指数指的是某部门完全出口增加值占某经济体总出口中国内增加值比例，相对于所有经济体出口中这一部门所创造的增加值占全球总出口增加值的比例的比较值。因此，首先需要利用投入产出技术计算各国各产业部门的出口增加值，为此，本章沿用 Johnson 和 Noguera（2012）提出的测算出口增加值的方法，该方法最早可以追溯到 Leontief（1936，1941）提出的多区域多部门投入产出核算框架。

一个国家在进行出口品的生产过程中，会消耗大量国内中间品、进口中间品与服务及最初投入（即增加值部分），生产的出口品总值减去中间品和服务，即出口品中的直接国内增加值。然而，在国内中间品和服务的生产中，也会产生国内增加值，这就是出口品的间接国内增加值。出口品的直接国内增加值和所有间接增加值之和，就是出口的完全增加值，这与生产法 GDP 核算是一致的。

本节采用全球多区域投入产出模型（表式如表 2.1）测算出口增加值，该模型假设有 $n$ 个经济体，每个经济体有 $m$ 个部门（产业），每个部门利用要素投入和中间品投入来生产产品，投入的中间品可以是本国自己生产的，也可以从国外进口。矩阵 $\boldsymbol{Z}^{sr}$ 表示经济体 $s$ 用于经济体 $r$ 的中间投入，其元素 $z_{ij}^{sr}$ 表示经济体 $s$ 部

门 $i$ 用于经济体 $r$ 部门 $j$ 的中间投入；$f^{sr}$ 表示最终使用，其元素 $f_i^{sr}$ 表示经济体 $s$ 部门 $i$ 用于经济体 $r$ 的最终使用；$y_i^s$ 表示经济体 $s$ 部门 $i$ 的总产出。在市场出清时，中间投入与最终使用之和等于总产出，即

$$y_i^s = \sum_j \sum_r z_{ij}^{sr} + \sum_r f_i^{sr} \tag{2.1}$$

表 2.1　全球多区域投入产出表式

| 投入 | 产出 | | | | | | | | | | 总产出 |
|---|---|---|---|---|---|---|---|---|---|---|---|
| | 中间使用 | | | | | 最终使用 | | | | | |
| | 1 | ⋯ | $r$ | ⋯ | $n$ | 1 | ⋯ | $r$ | ⋯ | $n$ | |
| 经济体 1 | $Z^{11}$ | ⋯ | $Z^{1r}$ | ⋯ | $Z^{1n}$ | $f^{11}$ | ⋯ | $f^{1r}$ | ⋯ | $f^{1n}$ | $y^1$ |
| ⋮ | ⋮ | | ⋮ | | ⋮ | ⋮ | | ⋮ | | ⋮ | ⋮ |
| 经济体 $r$ | $Z^{r1}$ | ⋯ | $Z^{rr}$ | ⋯ | $Z^{rn}$ | $f^{r1}$ | ⋯ | $f^{rr}$ | ⋯ | $f^{rn}$ | $y^r$ |
| ⋮ | ⋮ | | ⋮ | | ⋮ | ⋮ | | ⋮ | | ⋮ | ⋮ |
| 经济体 $n$ | $Z^{n1}$ | ⋯ | $Z^{nr}$ | ⋯ | $Z^{nn}$ | $f^{n1}$ | ⋯ | $f^{nr}$ | ⋯ | $f^{nn}$ | $y^n$ |
| 增加值 | $(w^1)'$ | ⋯ | $(w^r)'$ | ⋯ | $(w^n)'$ | | | | | | |
| 总投入 | $(y^1)'$ | ⋯ | $(y^r)'$ | ⋯ | $(y^n)'$ | | | | | | |

令 $\mu$ 为包含 $m$ 个元素且各个元素都为 1 的向量，即行向加和向量，那么可以将式（2.1）写成矩阵形式为

$$\begin{pmatrix} y^1 \\ \vdots \\ y^r \\ \vdots \\ y^n \end{pmatrix} = \begin{bmatrix} Z^{11} & \cdots & Z^{1r} & \cdots & Z^{1n} \\ \vdots & & \vdots & & \vdots \\ Z^{r1} & \cdots & Z^{rr} & \cdots & Z^{rn} \\ \vdots & & \vdots & & \vdots \\ Z^{n1} & \cdots & Z^{nr} & \cdots & Z^{nn} \end{bmatrix} \begin{pmatrix} \mu \\ \vdots \\ \mu \\ \vdots \\ \mu \end{pmatrix} + \begin{pmatrix} \sum_t f^{1t} \\ \vdots \\ \sum_t f^{rt} \\ \vdots \\ \sum_t f^{nt} \end{pmatrix} \tag{2.2}$$

令矩阵 $A^{sr} = Z^{sr}(\hat{y}^r)^{-1}$（$m \times m$ 维）表示中间投入系数，其元素表示经济体 $r$ 部门 $j$ 生产一单位总产出所需要经济体 $s$ 部门 $i$ 的中间投入，由此可以得到：

$$\begin{pmatrix} y^1 \\ \vdots \\ y^r \\ \vdots \\ y^n \end{pmatrix} = \begin{bmatrix} A^{11} & \cdots & A^{1r} & \cdots & A^{1n} \\ \vdots & & \vdots & & \vdots \\ A^{r1} & \cdots & A^{rr} & \cdots & A^{rn} \\ \vdots & & \vdots & & \vdots \\ A^{n1} & \cdots & A^{nr} & \cdots & A^{nn} \end{bmatrix} \begin{pmatrix} y^1 \\ \vdots \\ y^r \\ \vdots \\ y^n \end{pmatrix} + \begin{pmatrix} \sum_t f^{1t} \\ \vdots \\ \sum_t f^{rt} \\ \vdots \\ \sum_t f^{nt} \end{pmatrix} \tag{2.3}$$

将最终需求拆成 $n$ 个向量，每个向量对应一个经济体，有

$$f = \begin{pmatrix} \sum_t f^{1t} \\ \vdots \\ \sum_t f^{rt} \\ \vdots \\ \sum_t f^{nt} \end{pmatrix} = \begin{pmatrix} f^{11} \\ \vdots \\ f^{r1} \\ \vdots \\ f^{n1} \end{pmatrix} + \cdots + \begin{pmatrix} f^{1n} \\ \vdots \\ f^{rn} \\ \vdots \\ f^{nn} \end{pmatrix} = f^1 + \cdots + f^n$$

式（2.3）可以写为 $y = Ay + f = Ay + (f^1 + \cdots + f^n)$，进一步改写为 $y = (I-A)^{-1}(f^1 + \cdots + f^n) = B(f^1 + \cdots + f^n)$，其中 $B = (I-A)^{-1}$ 为列昂惕夫逆矩阵。为满足除经济体 s 以外的经济体的最终需求所需要的总产出为 $B(\sum_{t \neq s} f^t)$，对于经济体 s 而言，$\sum_{t \neq s} f^t$ 表示外国最终需求，因此，为满足除经济体 s 以外的经济体的最终需求所需要经济体 s 的总产出为 $\sum_k B^{sk}(\sum_{t \neq s} f^{kt})$。

令 m 维向量 $(v^r)' = (w^r)'(\hat{y}^r)^{-1}$ 表示经济体 r 的增加值系数向量，其中，$v'$ 表示将向量 v 转置，其元素 $v_j^r = w_j^r / y_j^r$ 表示经济体 r 部门 j 生产一单位总产出所带来的增加值。那么外国（除经济体 s 以外的经济体）最终需求拉动的经济体 s 部门 i 的增加值可以由以下向量的第 i 个元素给出。

$$vax^s = \sum_k \sum_{t \neq s} \hat{v}^s B^{sk} f^{kt} \qquad (2.4)$$

其中，$\hat{v}$ 表示将向量 v 对角化。式（2.4）为经济体 s 最终被外国需求所吸收的增加值（Johnson and Noguera，2012），即经济体 s 的出口增加值向量，经济体 s 部门 i 的出口增加值为 $vax_i^s$（$vax^s$ 的第 i 个元素）。

在计算出各经济体各部门出口增加值之后，基于出口增加值的 RCA 指数（以下简称 VRCA 指数）可以定义为

$$VRCA_i^s = \frac{vax_i^s}{\sum_i vax_i^s} \bigg/ \frac{\sum_s vax_i^s}{\sum_s \sum_i vax_i^s} \qquad (2.5)$$

其中，$vax_i^s$ 表示经济体 s 部门 i 的完全出口增加值；$\sum_i vax_i^s$ 表示经济体 s 总出口中国内增加值；$\sum_s vax_i^s$ 表示所有经济体出口中部门 i 所创造的增加值；$\sum_s \sum_i vax_i^s$ 表示全球总出口增加值。

## 2.3　中国与其他主要经济体产业比较优势分析

本章使用 OECD 2021 版全球多区域投入产出（OECD Trade in Value Added，OECD-TiVA）数据库来测度分析各经济体各产业的比较优势。该数据库提供了

1995～2018年逐年的投入产出表，该表包含 67 个地区（66 个经济体加上世界其他地区），区分 45 个部门（包含 25 个货物部门和 20 个服务部门）。该表区分了中国和墨西哥的加工贸易，本章需要比较区分加工贸易出现前后中国产业比较优势的不同，因此我们将表中加工贸易与其他贸易合并起来，分别利用处理前后的全球多区域投入产出表测度基于贸易增加值的 RCA 指数，从而进行比较分析。

### 2.3.1　TRCA 指数对产业比较优势带来偏误解读

全球价值链分工下，出口额无法真实反映贸易所得，基于出口总额的 TRCA 指数因此也会扭曲产业真实的比较优势，对某些产业的扭曲程度尤其严重。本节选取部分产业的实证结果对此进行阐述。基于出口额的 TRCA 指数显示（图 2.1），

(a) 中国农林牧渔业

(b) 计算机电子光学设备

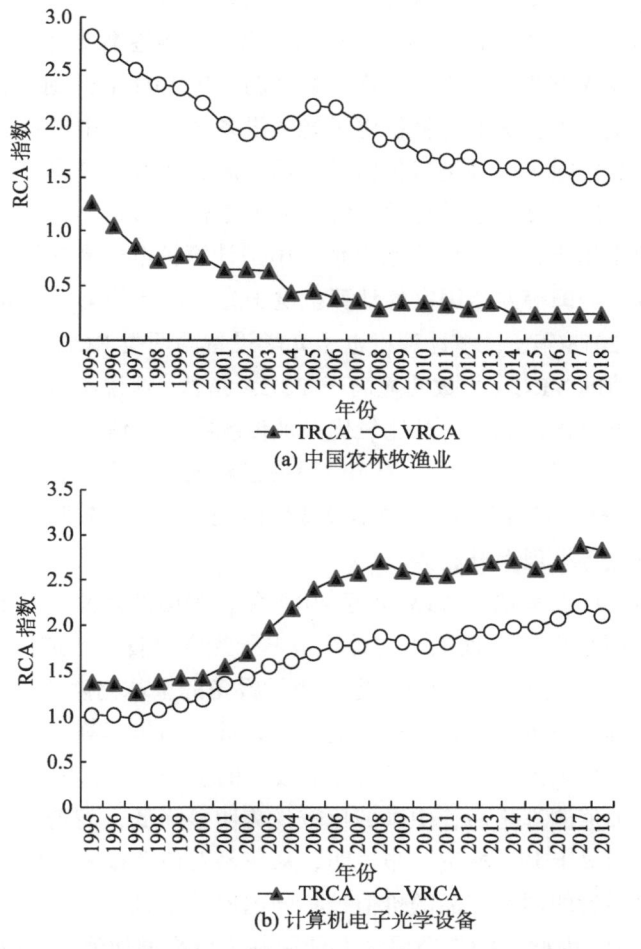

图 2.1　中国农林牧渔业和计算机电子光学设备的两类 RCA 指数
资料来源：作者根据 OECD-TiVA 数据库（2021 版）的投入产出表计算而得

中国的农林牧渔业处于出口劣势，但从基于贸易增加值的 VRCA 指数看，我国农林牧渔业依然有一定的出口竞争力。1995 年至 2018 年，TRCA 指数由 1.25 下降至 0.24，2004 年至 2018 年，TRCA 指数一直维持在 0.20～0.50，这说明我国农产品的出口份额逐年下降，在国际市场上由具有一定的竞争力转变为竞争力很弱；VRCA 指数由 2.82 下降至 1.52，所有年份该指数都大于 1.50，从出口增加值的角度来衡量，我国农林牧渔业依然有强的国际竞争力。我国农林牧渔业的直接增加率较高是造成 VRCA 指数较高的一个重要原因；另外，农业增加值的出口不只体现在本部门产品的出口中，还有相当大一部分通过隐含于纺织服装、家具、食品等优势下游产业出口品而实现间接出口，因此 VRCA 指数较高。

TRCA 指数低估了我国农林牧渔业的比较优势，却高估了我国计算机电子光学设备的优势。图 2.1 显示，1995 年至 2018 年，我国计算机电子光学设备的 TRCA 指数由 1.37 逐渐上升至 2.84，在国际市场上出口份额逐渐上升，表现出很强的竞争力，但从 VRCA 指数看，上升力度明显减弱，从 1.02 上升到 2.11，比传统指数要低。这主要是因为我国的计算机电子光学设备生产过程中进口了大量中间品，附加值率较低。排除了国外进口价值的贡献之后，在只考虑我国国内增加值的贡献情况下，我国的计算机电子光学设备竞争优势有所减弱。

与其他国家相比，TRCA 指数高估了中国计算机电子光学设备的比较优势，却低估了日本、美国等发达国家的计算机电子光学设备的出口优势。如图 2.2 所示，1995 年至 2018 年，日本计算机电子光学设备的两类 RCA 指数介于 1～2，且基于贸易增加值的 VRCA 指数明显高于 TRCA 指数，这说明日本计算机电子光学设备具有很强出口比较优势，且比较优势被传统指数低估。美国的 TRCA 指数显示，2002 年以后，美国计算机电子光学设备已经成为一个比较劣势部门，但根据 VRCA 指数，美国的计算机电子光学设备仍然是一个具有较强比较优势的出口部门，而且比较优势呈现上升趋势。

究其原因，可以发现，1995 年至 2018 年，中国的计算机电子光学设备的增加值率由 0.3 下降至 0.2，而美国的计算机电子光学设备的增加值率则由 0.3 上升至 0.6。过去的一段时期，在计算机电子光学设备的全球化生产工序上，美国、日本等发达国家具有技术优势，往往负责研发设计、销售等高附加值的生产工序，而中国往往负责加工组装、生产等附加值较低的生产工序，因此相对于 TRCA 指数，用贸易增加值测算之后，中国的比较优势明显降低，而美国、日本等发达国家的竞争优势明显上升。这进一步说明，从贸易总值角度测算的比较优势指数忽略了国际分工导致的同一产品的价值被不同国家分割且分割不均的问题，并造成了一些偏误解读。因此，2.3.2 节将主要使用基于贸易增加值的 VRCA 指数来分析中国的产业比较优势变化，并于 2.3.3 节进行国际比较分析。

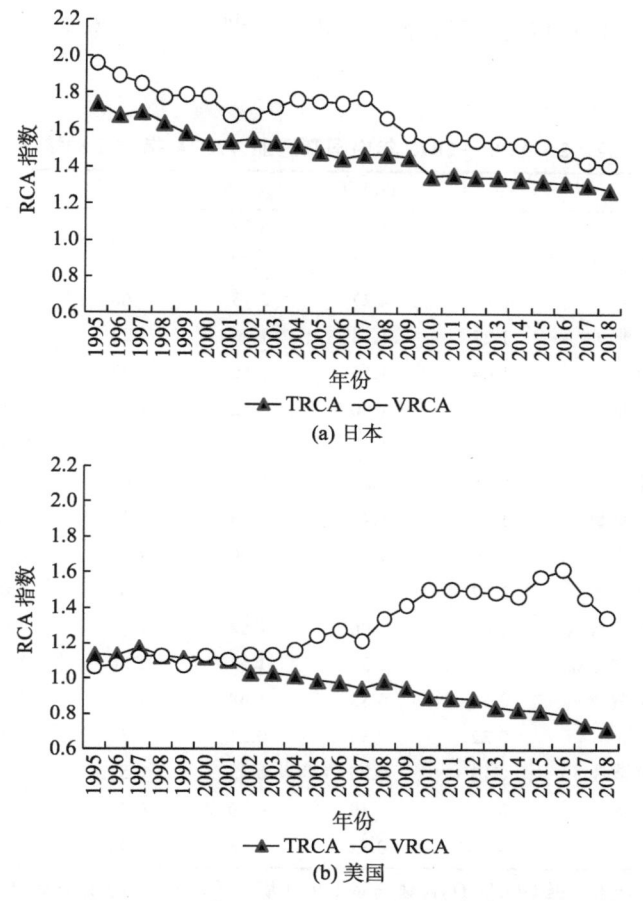

图 2.2 日本与美国计算机电子光学设备的两类 RCA 指数

资料来源：作者根据 OECD-TiVA 数据库（2021 版）的投入产出表计算而得

## 2.3.2 中国产业比较优势的变化

中国已处于由中低收入国家向中高收入国家迈进的过程中，影响比较优势的因素也显现出明显的阶段性变化。其主要特征是人口数量优势正在逐步减弱，而人口素质、人力资本优势逐步增强；资本积累能力和市场规模优势显著提高，技术能力也明显上升；基础设施、经营管理和投资管理能力等软性比较优势也不断增强。

由于比较优势因素的变化，中国出口优势行业也在发生一定程度的改变。通过对各行业 VRCA 指数的计算（表 2.2），可以看出中国劳动密集型产业总体上仍然保持较高比较优势状态，仍是中国最具竞争力的产业，但比较优势呈明显下降趋势；一些中度资本密集型产业和技术密集型产业的比较优势显著上升，甚至由比较劣势向比较优势转变明显；部分资本密集型产业和技术密集型产业仍然呈现出比较劣势。

表 2.2 1995～2018 年中国制造业 VRCA 指数变动情况

| 行业 | 1995 年 | 2000 年 | 2005 年 | 2010 年 | 2015 年 | 2018 年 |
| --- | --- | --- | --- | --- | --- | --- |
| 纺织服装制造业 | 3.68 | 3.46 | 3.32 | 3.20 | 2.76 | 2.25 |
| 木材加工及木制品业 | 1.35 | 1.42 | 1.87 | 2.16 | 2.02 | 2.32 |
| 家具制造业 | 2.46 | 2.27 | 2.13 | 1.68 | 1.49 | 1.62 |
| 化学及化工制品业 | 1.25 | 1.18 | 1.31 | 1.23 | 1.15 | 1.32 |
| 橡胶塑料制造业 | 1.64 | 1.56 | 1.50 | 1.37 | 1.30 | 1.21 |
| 非金属矿物制品业 | 1.66 | 1.80 | 1.52 | 1.71 | 1.87 | 1.72 |
| 金属制造业 | 1.46 | 1.37 | 1.80 | 1.79 | 1.51 | 1.65 |
| 造纸及纸制品业 | 0.78 | 0.86 | 0.98 | 1.03 | 1.01 | 1.12 |
| 印刷及记录媒介复制 | 1.52 | 1.43 | 1.04 | 1.12 | 1.28 | 1.35 |
| 煤炭及石油加工业 | 1.26 | 1.19 | 1.00 | 1.12 | 0.98 | 0.92 |
| 食品饮料和烟草 | 1.02 | 1.15 | 1.13 | 1.04 | 1.07 | 1.15 |
| 计算机电子光学设备 | 1.02 | 1.06 | 1.82 | 1.76 | 1.95 | 2.11 |
| 电气机械及器材制造业 | 1.18 | 1.39 | 1.53 | 1.56 | 1.80 | 1.96 |
| 专用机械设备制造业 | 0.75 | 0.83 | 1.08 | 1.32 | 1.15 | 1.28 |
| 医药制造业 | 0.22 | 0.34 | 0.31 | 0.30 | 0.32 | 0.45 |
| 交通运输设备制造业 | 0.13 | 0.25 | 0.32 | 0.52 | 0.55 | 0.68 |
| 其他交通运输设备 | 0.21 | 0.39 | 0.59 | 0.75 | 0.69 | 0.72 |
| 金属产品制造 | 0.63 | 0.72 | 0.88 | 0.95 | 0.91 | 1.06 |

资料来源：作者根据 OECD-TiVA 数据库（2021 版）的投入产出表计算而得

具体地，可以将中国制造业按照其比较优势变化情况划分为以下几种类型。

1）稳定处于比较优势的行业

稳定处于比较优势的行业主要是劳动密集型行业和部分资源密集型行业，包括纺织服装制造业、木材加工及木制品业、家具制造业、化学及化工制品业、橡胶塑料制造业、非金属矿物制品业和金属制造业。总体来看，这些行业仍然是中国的比较优势行业，但从动态来看，其中比较优势因素也在发生明显变化。

以纺织服装制造业为例，其纺织原料、劳动力成本上升，纺织服装制造业的成本价格优势下降，使得整体上该行业的 VRCA 指数有所下降。但随着产业技术和营销能力的积累，其产品研发创新能力、中高档面料国内供给能力和装备制造能力得到提升，功能化、个性化和时尚化的中高附加值纺织服装产品增加，使得纺织服装仍然保持了较强的比较优势。从产业链来看，过去依靠进口的中高端纺织纤维材料、纺织面料和纺织装备，有相当部分实现了进口替代甚至出口。从未来看，这类劳动密集型行业降低劳动力成本的难度很大，其动态比较优势培育的重点应是侧重于产品开发、设计、高档面料的开发和生产、品牌培育、营销渠道的建立和强化供应链管理，促使其逐步由成本价格转向功能化、差异化和品牌等非价格的竞争。

2）比较优势显著上升的行业

比较优势显著上升的行业集中在中等要素密集程度的行业，通常是比较优势显著上升或者由比较劣势转变为比较优势的行业，包括中等技术劳动密集型产业中的计算机电子光学设备、电气机械及器材制造业和专用机械设备制造业。计算机电子光学设备和电气机械及器材制造业等，虽然在关键技术等方面还存在劣势，但由于在管理、配套协作、产业集聚和生产网络等方面形成了较强的比较优势，其在出口中占据了越来越重要的地位。其未来动态比较优势培育重点是提高R&D设计能力，攻克关键部件、关键设备的生产，强化供应链管理，着力提升分工层级。

3）长期处于比较劣势的行业

技术密集型行业中的医药制造业处于比较劣势，而且比较劣势没有显著改善。交通运输设备制造业也处于比较劣势，但比较劣势有所改善。资源指向性强和技术水平要求较高的煤炭及石油加工业、造纸及纸制品业等处于比较劣势与比较优势的边缘。近年来，交通运输设备制造业中已有部分产品在国际上具有较强竞争力。比如，中国高铁、港口机械近年来发展良好，但其行业占比有限，尚没有扭转整个行业竞争弱势的整体格局。

## 2.3.3 产业比较优势的国际比较分析

综合分析国际上一些主要发达经济体和新兴工业化经济体的产业比较优势变化，可以发现，美国、日本、德国、韩国等发达经济体依靠创新和技术实力在资本密集型与技术密集型的制造业中依然拥有竞争优势，俄罗斯、印度、巴西的比较优势产业主要聚集于资源型产业和劳动密集型产业。比如，印度的农林牧渔业和纺织服装制造业具有较强比较优势，巴西的农林牧渔业、食品饮料和烟草制造业、采掘业具有较强比较优势，巴西的纺织服装制造业在2007年以前具有一定比较优势，之后逐渐转为比较劣势。美国、英国、法国等经济体的服务行业表现出强劲的出口竞争力，印度也在租赁和商务服务业、住宿餐饮业等服务行业展现出明显的竞争优势。

我们比较了主要经济体的产业VRCA指数，得出以下主要结果。

在医药制造业方面，德国和美国具有明显的出口比较优势，日本、韩国及中国、印度和巴西都表现为显著的比较劣势，而且这一劣势在1995年至2018年变动较小。

电子及通信设备制造业方面，韩国表现出最强的比较优势，日本其次，中国和美国也具有比较优势。2003 年以前，中国的比较优势弱于美国，之后，逐渐赶超。印度和巴西处于明显的比较劣势。

在电气机械及器材制造业方面，德国的比较优势显著，其 VRCA 指数经历了一个上升阶段，然后保持在一个较稳定的高水平。韩国的比较优势显著，而且其 VRCA 指数展现出明显的上升趋势。日本的 VRCA 指数在 2008 年以前最高，之后有所下滑，但其比较优势依然非常显著。中国也具有比较优势，其 VRCA 指数有所上升，上升趋势较平稳。

交通运输设备制造业方面，日本、德国、美国和韩国具有突出的比较优势，而且其 VRCA 指数都经历了一个明显的上升的阶段，然后保持在较高的稳定水平。中国的 VRCA 指数一直小于 1，交通运输设备制造业要成为优势产业依然任重道远。

在服务业方面，中国的服务业总体处于出口比较劣势；美国的批发零售业、金融服务业展现出强劲的竞争优势，VRCA 指数基本都在 2 以上；印度的住宿餐饮业、租赁和商务服务业的 VRCA 指数也基本都在 2 以上。虽然印度社会贫富分化很严重，但有很庞大的针对社会上层的服务行业，旅游业、住宿和餐饮业十分发达，是印度经济的重要支柱。另外，印度是世界软件办公室，软件服务业发展迅速。印度国内服务业的发达为其保持服务贸易出口优势奠定了坚实的基础。

## 2.4　区分加工贸易的中国产业比较优势测度与分析

基于贸易增加值定义的 VRCA 指数考虑了国内产业关联和国际分工，相较于 TRCA 指数，可以更为准确地衡量全球价值链分工下出口产业的比较优势，但具体到测算中国产业的出口比较优势时，上述测算依然忽略了中国高比重的加工出口的生产异质性。基于目前的国际投入产出表的相关分析有一个隐含的假定：满足国内需求生产、加工出口生产和一般贸易出口生产具有相同的投入结构，即这三种生产方式的平均投入结构。然而，在通常情况下，加工出口企业只是对进口原材料进行加工和装配，使用了大量进口品，但国内中间投入比例很低，蕴含的国内增加值也比一般贸易出口低很多。如果简单地将加工出口与一般贸易出口同等对待，势必会高估加工出口比例高的产品的比较优势。

基于目前中国出口的这一特点，可以将中国国内生产拆分为满足国内需求生产、加工出口和一般贸易出口生产三部分，进一步地，可以在国际投入产出表中区分中国的这三类生产，构建反映中国加工贸易的国际投入产出表，具体表式结构如表 2.3 所示。

表 2.3　区分中国加工贸易的全球多区域投入产出模型

| 投入 | | 产出 | | | | | | | | 总产出 |
|---|---|---|---|---|---|---|---|---|---|---|
| | | 中间使用 | | | | | 最终使用 | | | |
| | | 中国 | | | $s$ | $r$ | 中国 | $s$ | $r$ | |
| | | $D$ | $P$ | $N$ | | | | | | |
| 中国 | $D$ | $Z^{DD}$ | $Z^{DP}$ | $Z^{DN}$ | 0 | 0 | $f^{D}$ | 0 | 0 | $y^{D}$ |
| | $P$ | 0 | 0 | 0 | $Z^{Ps}$ | $Z^{Pr}$ | 0 | $f^{Ps}$ | $f^{Pr}$ | $y^{P}$ |
| | $N$ | $Z^{ND}$ | $Z^{NP}$ | $Z^{NN}$ | $Z^{Ns}$ | $Z^{Nr}$ | $f^{N}$ | $f^{Ns}$ | $f^{Nr}$ | $y^{N}$ |
| 经济体 $s$ | | $Z^{sD}$ | $Z^{sP}$ | $Z^{sN}$ | $Z^{ss}$ | $Z^{sr}$ | $f^{sc}$ | $f^{ss}$ | $f^{sr}$ | $y^{s}$ |
| 经济体 $r$ | | $Z^{rD}$ | $Z^{rP}$ | $Z^{rN}$ | $Z^{rs}$ | $Z^{rr}$ | $f^{rc}$ | $f^{rs}$ | $f^{rr}$ | $y^{r}$ |
| 增加值 | | $(w^{D})'$ | $(w^{P})'$ | $(w^{N})'$ | $(w^{s})'$ | $(w^{r})'$ | | | | |
| 总投入 | | $(y^{D})'$ | $(y^{P})'$ | $(y^{N})'$ | $(y^{s})'$ | $(y^{r})'$ | | | | |

注：简化表式中有中国、$s$ 和 $r$ 三个经济体。$D$、$P$ 和 $N$ 分别表示中国国内产品、加工出口、一般贸易出口，上标 $DD$、$DP$ 和 $DN$ 分别表示国内产品用于国内使用、加工出口和一般贸易出口，其余类推。由于国内需求产品并不用于出口，故有 $D$ 部分的出口为 0，即对经济体 $s$ 和 $r$ 既无中间投入，也不提供最终使用品。加工出口产品全部用于出口，不用于国内中间投入和最终使用。上标 $sD$、$sP$ 和 $sN$ 分别表示经济体 $s$ 对中国生产国内产品、加工出口和一般贸易出口的中间投入，$sc$ 表示经济体 $s$ 用于中国的最终使用品，经济体 $r$ 的上标含义类似

基于表 2.3，区分加工出口后中国各部门基于贸易增加值的比较优势指数（以下简称 NRCA 指数）可以调整为

$$\text{NRCA}_i^c = \frac{\text{vax}_{iP}^c + \text{vax}_{iN}^c}{\sum_i \left( \text{vax}_{iP}^c + \text{vax}_{iN}^c \right)} \Bigg/ \frac{\sum_s \text{vax}_i^s}{\sum_s \sum_i \text{vax}_i^s} \tag{2.6}$$

其中，$\text{NRCA}_i^c$ 表示中国部门 $i$ 的比较优势；$\text{vax}_{iP}^c$ 表示中国部门 $i$ 加工出口的完全增加值；$\text{vax}_{iN}^c$ 表示中国部门 $i$ 非加工出口的完全增加值。

OECD-TiVA 数据库（2021 版）提供的全球多区域投入产出表区分了中国的加工贸易，基于这些表，我们测算了区分加工贸易前后中国各行业的出口比较优势，部分行业的结果，如表 2.4 所示。在区分加工贸易之前，1995 年、2005 年、2010 年和 2015 年，服装纺织的 VRCA 指数分别是 4.01、3.26、3.00 和 2.86，出口比较优势很强；在区分加工贸易之后，NRCA 指数上升，比较优势进一步增强。木制品及家具的情形类似，比较优势也在区分加工贸易之后有所增强。在这些行业的总出口中，一般贸易出口占比较高，而一般贸易出口拉动增加值的效率往往比加工出口要高，因此，在区分加工贸易之后，这些加工出口比重较小的行业的增加值出口比较优势会有所增强。由此可知，中国的传统劳动密集型产品的出口

优势更多地依赖一般贸易，而非加工贸易。

表 2.4 中国部分行业的 VRCA 指数和 NRCA 指数

| 行业 | VRCA 指数 |  |  |  | NRCA 指数 |  |  |  |
|---|---|---|---|---|---|---|---|---|
|  | 1995 年 | 2005 年 | 2010 年 | 2015 年 | 1995 年 | 2005 年 | 2010 年 | 2015 年 |
| 服装纺织 | 4.01 | 3.26 | 3.00 | 2.86 | 4.51 | 3.86 | 3.62 | 3.12 |
| 木制品及家具 | 1.57 | 1.30 | 1.64 | 1.82 | 1.97 | 1.90 | 2.34 | 2.53 |
| 电子设备 | 1.01 | 1.56 | 1.74 | 1.92 | 0.56 | 1.22 | 1.48 | 1.72 |
| 电气设备 | 1.02 | 1.69 | 1.82 | 2.15 | 0.56 | 1.32 | 1.58 | 1.85 |
| 交通运输设备 | 0.26 | 0.41 | 0.59 | 0.76 | 0.15 | 0.33 | 0.53 | 0.68 |

资料来源：作者根据 OECD-TiVA 数据库（2021 版）提供的投入产出表计算而得

对于技术密集型产品，情况则有所不同。1995 年 VRCA 指数显示，中国的电子设备和电气设备有较弱的出口比较优势，但是，在区分加工贸易之后，NRCA 指数大幅下降，由较弱的比较优势转为明显的比较劣势。从 1995 年至 2010 年，尽管我国电子设备和电气设备的比较优势呈现出上升趋势，但 NRCA 指数显示的增长幅度要低于 VRCA 指数显示的增长幅度。

究其原因，可以发现，电子设备、电气设备和交通运输设备等技术密集型产品的加工贸易比重比较大。比如，电子设备部门在 1995 年、2005 年、2010 年和 2015 年这四个年份的加工出口比例分别为 99%、92%、79% 和 65%，而加工出口中包含的国内增加值含量比一般贸易出口较少，在区分加工贸易的异质性之后，这些产品的 NRCA 指数较 VRCA 指数降低，即加工贸易占比高使得 VRCA 指数仍然高估了这些产品的出口比较优势。不过，从 1995 年到 2015 年，VRCA 指数与 NRCA 指数之间的差值下降，这说明随着加工出口的比例逐渐下滑，VRCA 指数对比较优势的高估程度也有所降低。

近年来，在中国的出口产品中，占比最大的是机电产品，其次是传统劳动密集型产品。在区分加工贸易之后，NRCA 指数相当于进一步缩小了技术密集型的机电产品的贸易增加值占比，加工出口比例低的服装纺织品、家具等劳动密集型产品的贸易增加值占比则相应地凸显出来，表现为劳动密集型产品的 NRCA 指数大于 VRCA 指数，而技术密集型产品的情形则相反。由此可见，如果简单地将加工出口与一般贸易出口同等对待，将会高估中国技术密集型行业的比较优势，加工贸易对中国技术密集型产品的出口比较优势有着重要影响。

## 2.5 小结与政策启示

总体来说，中国劳动密集型产业还具有比较明显的比较优势，但优势因素在转化，原料、劳动力成本等方面的优势弱化，而设计、技术、管理和产业配套等方面的优势加强，但后者尚不能弥补成本的变化。中度技术劳动密集型产业的比较优势上升明显，或者由比较劣势转向比较优势。部分技术密集型和资本密集型产业依然处于比较劣势。中国虽是制造业大国，但是交通运输设备、机械设备等制造业整体处于比较弱势，与德国等制造业强国还有很大差距。中国服务贸易整体处于比较劣势，且不论与发达国家服务业的差距，即使与我们的近邻印度相比，依然相差甚远。加工贸易是影响中国出口比较优势的重要因素之一，如果简单地将加工出口与一般贸易出口同等对待，将会高估中国技术密集型行业的比较优势。未来动态比较优势的培育要加强关键技术的攻克，突破关键部件、关键设备的生产。产业升级政策重心也并不意味着要从一个行业转移到另一个行业，而是根据不同行业的变化特征，实施差别化政策。

在培育动态比较优势助推产业结构升级时，日本和韩国的一些成功经验可供我国参考。日本和韩国作为成功的后发国家，根据比较优势变化培育动态比较优势，成功地实现了产业结构升级。虽然发挥比较优势成为日本、韩国促进出口的重要依据，但是，日本和韩国产业政策支持重点并不是当时的比较优势部门，而是能够提升国际地位的主导部门。比如，日本 1955 年机械工业占总出口比重只有 12.4%，并不具备比较优势，20 世纪六七十年代，日本相继推出《日本机械工业振兴临时措施法》《特定电子工业及特定机械工业振兴临时措施法》等，大力扶持国产电子信息业的制造企业；1975 年，日本机械工业占总出口比重达到 53.8%，成为具有显著优势的行业。类似地，20 世纪 60 年代和 70 年代，韩国的比较优势部门集中在纺织服装等劳动密集型行业，但在 20 世纪 70 年代，韩国通过国家投资基金、投资税信贷、加速折旧，以及相关设备、技术进口支持等优惠政策对机械和汽车、造船、金属制品、石油化工、钢铁等重化工业进行支持，到 20 世纪 80 年代这些行业部门形成了较强的国际竞争能力。

在全球价值链分工的背景下，我国需顺应国际分工由产品分工向要素分工的转变，从宏观政策到产业政策两个方面制定提升中国在全球价值链中地位的战略。产业政策需从注重支持产业部门转向注重支持关键环节，如研发、设计，特别地，加大信息通信、高铁、机械制造等技术密集型产业的研发创新力度，由加工组装等环节向研发设计、技术服务等环节逐步过渡，进而向价值链中高端攀升。此外，过去若干年，纺织服装等劳动密集型传统产业在中国经济发展和出口增长中发挥了重要作用，且从获取增加值的能力看，劳动密集型产业有很好的表现。传统产业的转型升级依然不容忽视。

实施更加积极开放的贸易和投资战略，鼓励并支持更多企业"走出去"。从优势产业开始，做大、做强中国的跨国公司，培养若干条以我国为主的全球价值链，增强中国对全球价值链的影响力。实际上，全球价值链的形成正是跨国公司主导的，跨国公司主导的全球价值链占全球贸易的 80%，这些跨国公司的母公司主要分布在美国、日本等发达经济体。因此，要想改变中国处于全球价值链中低端的现状，需要培育自己的跨国公司，在一些产业逐步构建由中国主导的全球价值链。

加快完善服务贸易促进体系，推动服务贸易与货物贸易同步发展。长期以来，中国主要发展货物贸易，中国出口中服务贸易的增加值比例远不如美国、日本等发达国家。事实上，服务贸易获取增加值的能力明显强于货物贸易，因此，要积极推动服务贸易的发展，在巩固中国制造的同时，鼓励和推进中国创造。要实现这一目标，必须制定和完善产业政策，发展国内服务业，提高服务业竞争能力。

# 第 3 章
CHAPTER 3

# 全球价值链重构下中国面临的挑战

市场、成本、技术、竞争和政府等多重因素推动全球产业链布局不断动态调整。2008年全球金融危机后，世界经济进入深度调整，贸易保护主义抬头，逆全球化思潮涌动，叠加新冠疫情、俄乌冲突等重大事件冲击，既有全球化格局受到巨大挑战，企业或将加速生产基地选址调整，全球产业布局面临深刻变化。以安全为导向的产业链、供应链将趋于供应商多元化和关键产业本土化，以市场需求为导向的产业链趋于区域集聚化，被成本和生产技术所驱动的产业链或将加速调整转移，以新兴技术为驱动的新兴产业链将涌现、演进。全球产业链的加速重构将对中国经济和就业产生重要影响。本章基于全球多区域投入产出模型，采用反事实分析方法衡量全球价值链重构对我国GDP和就业的影响，并分国家、分产业深入剖析影响的作用机理，同时区分刻画中间品和最终品两类不同路径的影响。本章的定量分析有助于预判未来全球产业布局变化对中国经济和就业的冲击，提前布局应对。

## 3.1 引　　言

全球产业链是经济全球化的重要产物，因此推动经济全球化的因素也在推动全球产业链布局动态调整。市场、成本、竞争和政府因素是推动经济全球化的四股主要力量（伊普，2005），其他因素大多可进一步拆分为这四股力量中的一种或几种。比如，技术进步可以通过激发新的需求（市场因素）、降低生产成本（成本因素）及打败竞争对手或者激励新竞争对手的崛起（竞争因素）等方式改变经济全球化。其中，市场因素反映客户行为的本质和经销渠道的结构，包括客户需求和偏好、全球性客户和渠道、产品品牌领先国家等；成本因素反映企业的经济状况，包括全球规模经济与范围经济、国家的生产和物流成本、快速变革的技术等；竞争因素包括高水平的进出口、国家间的相互依赖与竞争等；政府因素取决于各国政府制定的政策,包括优惠的贸易政策、倾斜性的产业政策、技术标准、营销规则及其他具有重要影响的相关政策。

在市场、成本、竞争和政府等多重因素的综合影响下,全球产业链逐步形成、发展与重构。特别地,自20世纪八九十年代以来,随着信息通信技术的革新和贸易投资便利化水平的提高,最终产品的生产过程越来越分割化,不断细分出来的生产工序被分散到世界多个经济体进行,形成众多全球化的生产链和价值链(Baldwin,2006;王直等,2015;杨翠红等,2020)。全球产业链的发展使得世界各国的联系日益深化,并推动着全球产业布局的加速演变。自加入WTO以来,中国借助自身的市场优势和低劳动力成本优势,成为承接劳动密集型生产工序的最佳选址,逐渐成为世界工厂。根据全球投入产出表测算,在世界最终品出口中,中国出口总量占总出口的比重从2000年的5.09%上升到2018年的15.72%;在世界中间品出口中,中国出口占总出口的比重从2000年的2.73%上升到2018年的8.71%。

全球价值链的兴起与发展为中国等发展中国家提供了重要机遇。过去几十年间,全球产业呈现不断转入中国的态势,对中国经济和就业增长有着重要贡献,并且随着融入全球价值链程度的深化,中国的国际地位也有较大提升(Kee and Tang,2016;Tian et al.,2019)。然而,受生产成本、地方产业政策及国际贸易协议等因素的影响,国家间的产业分工不断变动,引发全球产业布局不断地动态调整。纵观近年来,影响产业转移的基本面因素(劳动力成本上升、环境保护标准不断提高等)已经在中国显现,叠加中美经贸博弈、新冠疫情等重大事件的影响,跨国企业意识到对单一经济体供应链过度依赖的风险,开始思考是否重构全球供应链以及如何重构的问题(闫冰倩和田开兰,2020)。受外部冲击导致的产业被迫外迁很可能会打乱中国的产业发展与结构调整,若在未完全实现工业化时过早地去工业化,可能会导致国内产业空心化,从而失去产业升级的机会,陷入中等收入陷阱。

事实上,近年来,随着劳动力和土地等要素成本的上升及资源环境约束趋紧,中国的生产成本不断上升,部分产业已呈现向外转移趋势。不少跨国企业正将生产基地转向东南亚地区,并将原来在中国的生产环节涓滴式地向这些地区外移,其中,越南、孟加拉国等国家越来越受到外商的青睐。生产成本和不确定性风险是影响企业投资布局调整的重要原因,生产成本的上升叠加外部不确定性冲击,使得中国的世界工厂地位面临严峻挑战。尽管目前已经有一些研究意识到了中国产业转移问题的重要性(蔡昉等,2009;张少军和刘志彪,2009;樊茂清和黄薇,2014;孙晓华等,2018;胡国良和王继源,2020),但是,对以下问题却鲜有涉及:中国承接全球产业转入对本国经济和就业增长有何贡献?未来一段时期,若跨国企业加速从中国转出，中国的经济和就业将受到多大冲击？承受较大冲击的是哪些产业？对这些问题的定量分析有助于预判产业外移对中国经济和就业的冲击，提前布局应对。

本章基于全球多区域投入产出模型，采取反事实分析法衡量全球产业布局演变对中国 GDP 和就业的影响，并结合情景分析法分析产业外移对中国的潜在冲击。具体地，本章通过考察产业在全球不同经济体的份额变化来刻画产业布局的演变。比如，在一定时期内，如果某全球化产业由 A 经济体供给的份额下降，相应地，由 B 经济体供给的份额上升，则说明该产业从 A 经济体转出，而 B 经济体承接该产业转入。根据产品的不同使用用途，上述产业转移现象可以进一步分为全球中间品和最终品两条途径的转移，相应地，全球投入产出表中全球中间品和最终品在不同经济体的分布结构的变化可以被用来刻画这两类不同路径的产业转移。结合情景分析法，假设某一时点的产业布局为过去某个时点的布局或者未来发生产业转移时的布局，测算得到反事实情形下中国的 GDP 和就业水平，其与该时点中国实际的 GDP 和就业水平的差值即可认为是全球产业布局演变的影响。由于最终品转移和中间品转移的难易程度不同，因此分不同途径考察产业布局变化的影响对于识别需重点关注的行业并提出针对性政策建议具有重要意义。

## 3.2 理论模型与数据

### 3.2.1 全球产业布局演变

产业布局演变是国际（或区域）分工的直接结果之一，其发生的根本原因是顺应比较优势的变化，追求更低的生产成本以满足市场需求。早期关于产业布局演变的理论研究主要关注发达经济体与发展中经济体之间产业布局发生变化的动因、模式和发生机理，并发展出雁行发展理论、产品生命周期理论和边际部门转移理论等经典理论，解释了产业为何转移以及为何在某地发生转移。

随着交通成本和通信协调成本的下降，最终产品的生产由过去一国独立完成逐渐演变为多个国家共同参与完成，产品从研发到最终被消费者消费的一系列价值创造环节构成的链条被称为全球价值链。在此背景下，产业布局调整不仅包含某个产业的完整链条由一国向另一国的转移，更包含产品生产链条上中间投入品生产的重新选址问题，反映为最终品生产商从哪国进口中间投入品及消费者从哪国进口最终品问题。

图 3.1 展示了一个简化的全球价值链分工下产业布局演变，假设最初阶段 A 国最终消费品完全由本国供给，并且最终品生产过程中用到的中间品也由本国生产。随着全球价值链分工的演进，A 国生产中所需要的部分中间品由本国生产转

向从生产成本更低的 B 国和 C 国进口，即 A 国产业链上中间品生产从 A 国转入 B 国和 C 国。类似地，在 A 国最终消费品中，一部分原本由本国供给的产品转为从 B 国和 C 国进口，则称为 A 国最终品产业由 A 国转入 B 国和 C 国。

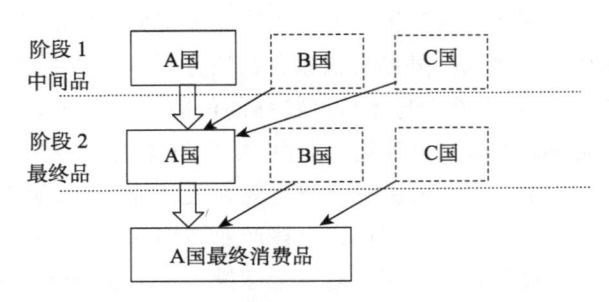

图 3.1 全球价值链分工下产业布局演变

目前文献对中间品生产转移的研究较多，对最终品转移的相关研究较缺乏。在中间品生产转移方面，Baldwin（2006）将生产阶段的重新选址问题定义为离岸外包，相关的一系列研究则从不同角度考察了外包对本地经济和就业的影响（Grossman and Rossi-Hansberg，2012）。本书认为，研究产业转移不应仅限于中间品，最终品转移同样是产业转移的一种重要渠道，而且最终品转移对国家间贸易利益的重新分配比中间品生产转移有着更深远的影响。全球价值链分工体系下，各国的比较优势不再体现在产品层面，而是在生产链的各生产环节上，结合中间品和最终品在产业链的不同位置及各国的比较优势，可以推断不同国家和不同行业通过两条途径的产业转移对本国经济产生的不同影响。

分国家来看，不同国家通过两条路径的产业转移对中国经济的影响需要根据各国各产业的外包情况具体分析。与美国、日本等资本密集型国家相比，中国的劳动力成本优势突出，因此这类国家更多地是将生产链的加工组装环节外包给中国。例如，Dedrick 等（2010）对 iPod 等电子产品案例的研究显示，在美国消费者所购买的 iPod 的生产链上，仅处理器的生产在美国，而其余生产阶段均外包给了其他国家，如硬盘驱动器的生产在日本，存储器的生产在韩国，电池等的生产则由欧洲国家完成，最后所有的零部件被运输到中国，由中国完成最后的组装环节而出口到美国。由此可见，资本密集型国家的产业转移更多地表现为其将最终品生产转入中国，因此其最终品生产转出对中国经济的影响将大于中间品转出的影响；相反地，对于劳动力优势比中国更为明显的国家而言，其更多地是将生产链的中间环节外包，而将最终的加工组装环节留在本国，因此其将中间品生产转出对中国经济的影响将大于最终品转出的影响。

与其他行业相比，资本密集型行业产品多作为中间投入被用于生产（根据国家间投入产出表测算可知，中国的造纸印刷业、石油加工炼焦业、橡胶和塑料制品业、其他非金属矿物制品业及金属冶炼与金属制品业这五个资本密集型行业的总产出中用于中间投入的比例均在90%以上），因此其中间品生产转出对中国经济的相对影响将大于最终品生产转出的影响。

产业布局变化不仅会带来直接影响，同时也会因为产业的上下游关联带来间接影响，因此能够刻画产业间相互依赖关系的投入产出模型成为研究产业布局演变的有效工具。投入产出表刻画的是经济均衡状态时的产业相关关系，其反映了生产链所有环节中间投入的信息。例如，机械设备生产链上，机身生产阶段需要用到钢铁的中间投入，轴承生产阶段同样用到钢铁作为中间投入，将所有阶段所需的钢铁中间投入加总便对应到投入产出表中机械设备制造业对钢铁中间投入的需求。行业间的贸易往来是以总贸易量记录的，再结合全球价值链核算框架，便可以得到不同价值链分工体系下，最终品价值分配到各国各行业的增加值。

具体而言，本章结合假设提取法（hypothetical extraction method，HEM）和结构分解分析（structural decomposition analysis，SDA）法的思路，基于投入产出分析模型考察了产业布局变化对增加值和就业的影响。假设提取法通过分析某个产业不在国内正常运营的反事实情景，来衡量产业间联系和产业重要性。结构分解分析可以考察，其他变量不变，仅某个变量变化所带来的影响。因此，二者被广泛应用于回答"what if"问题的相关研究中（Los et al.，2016；Dietzenbacher et al.，2019）。所采用方法具有以下特点：第一，投入产出模型在测算产业布局变化对增加值和就业影响时，不仅可以测算直接影响，还可以测算产业间相互联系导致的间接影响。例如，一国将产业转出中国会减少中国从上游国家产业的进口，上游国家生产的减少意味着从中国进口中间品的下降，进而间接影响中国的增加值和就业。第二，中国对外贸易的一个显著特点是加工贸易占比高，尽管近年来该比重有所下降，但仍保持较高水平，而加工贸易的大部分中间投入来自进口，因此不区分加工贸易的模型将高估出口对中国经济的拉动作用（Chen et al.，2019）。在这方面，已有OECD-TiVA数据库中区分加工贸易的全球投入产出表可供使用。特别地，本章基于全球投入产出模型将产业布局与生产技术分离开来，采取控制变量法的思想能够较好地研究一定时期内产业布局变化对经济和就业造成的影响。

### 3.2.2 测算产业链重构引致的增加值与就业变动

全球多区域投入产出模型（表2.1）为本章研究不同经济体间的产业转移提供了很好的模型框架。如第2章介绍，令 $y$ 表示总产出向量，$A$ 为全球中间投入系数矩阵，$F$ 为最终需求矩阵，$I$ 为单位矩阵（对角线元素为1，其余元素为0），$\mu$ 为行向加和向量，则全球列昂惕夫模型可以写成矩阵形式 $y = (I - A)^{-1} F\mu$。令 $v$ 和 $\rho$ 分别表示直接增加值系数向量和就业系数向量，则最终需求引致的各经济体各

行业的增加值和就业分别为

$$w = \hat{v}(I-A)^{-1}F\mu$$
$$e = \hat{\rho}(I-A)^{-1}F\mu \quad (3.1)$$

特别地，由最终需求拉动的经济体 $r$ 的增加值和就业可分别表示为 $w^r = v^{(r)}(I-A)^{-1}F\mu$ 和 $e^r = \rho^{(r)}(I-A)^{-1}F\mu$，其中 $v^{(r)}$ 与 $v'$ 的维度一样，但只有经济体 $r$ 对应的元素保留，其他经济体行业对应的元素则置为零，$\rho^{(r)}$ 类似。计算分行业结果时，则需将其对角化。

产业区位的重新选择不仅影响到中间投入品的来源结构，即生产行业选择从哪些区域进口所需的中间投入品，同时也会影响到最终品的来源结构，即本地消费者从哪些区域进口最终品来满足本地区的最终需求。为定量衡量产业布局变化对中国产业增加值和就业的影响，本章结合假设提取法和结构分解分析法的思路，测算产业布局变化前后，全球价值链重新分工导致的中国增加值和就业情况的变化。具体而言，首先假设末期（$t_1$）的中间品和最终品的来源结构完全按照基期（$t_0$）的结构进行自主生产或进口，得到中国的反事实的增加值总量和就业总量，进而产业布局演变的增加值及就业效应便可表示为中国产业实际的增加值总量和就业总量与反事实情景下的增加值总量和就业总量的差值。

第一步，将中间投入矩阵和最终需求矩阵中的来源结构分离开来。为此，本章参考 Xu 和 Dietzenbacher（2014）的分解中间投入系数矩阵（$A$）的思路，将中间投入系数分解为生产技术矩阵（$H$）和投入品来源结构矩阵（$T$）两部分，即 $A = H \circ T$，其中，$\circ$ 为 Hadamard（哈达玛）乘法运算符，即表示矩阵对应元素相乘。为阐述两部分所代表的经济含义，不妨以美国汽车制造业为例，假设其生产一单位汽车需要用到 0.5 单位的钢铁中间投入，这部分信息反映在生产技术矩阵中；对于所需要的 0.5 单位钢铁中间投入，美国汽车制造商可以选择由本国生产提供 0.2 单位，从中国进口 0.2 单位，剩下的 0.1 单位从世界其他国家或区域进口，这部分信息反映在中间投入品的来源结构矩阵中。令堆叠矩阵

$$H = \begin{bmatrix} H^1 & \cdots & H^n \\ \vdots & & \vdots \\ H^1 & \cdots & H^n \end{bmatrix}$$，其中，$H^r = \sum_{s=1}^{n} A^{sr}$ 表示经济体 $r$ 的不区分来源地的中间投入系数矩阵，即 $r$ 的生产技术矩阵。$T^{sr} = A^{sr} \therefore H^r$ 表示经济体 $r$ 生产所需的中间投入品从经济体 $s$ 进口的份额，其中，$\therefore$ 表示矩阵对应元素相除，则

$$T = \begin{bmatrix} T^{11} & \cdots & T^{1n} \\ \vdots & & \vdots \\ T^{n1} & \cdots & T^{nn} \end{bmatrix}$$ 表示全球中间投入系数矩阵的来源结构。

类似地,最终需求矩阵（$F$）可分解为产品结构（$C$）和来源结构（$D$）两部分,即 $F=C \circ D$。堆叠矩阵 $C=\begin{bmatrix} c^1 & \cdots & c^n \\ \vdots & & \vdots \\ c^1 & \cdots & c^n \end{bmatrix}$ 表示全球最终需求矩阵的产品结构部分,$c^r = \sum_{s=1}^{n} f^{sr}$ 表示经济体 $r$ 的不区分来源地但包含产品结构信息的最终需求产品向量。$d^{sr} = f^{sr} \div c^r$ 表示经济体 $r$ 所需最终品从经济体 $s$ 进口的份额,则 $D = \begin{bmatrix} d^{11} & \cdots & d^{1n} \\ \vdots & & \vdots \\ d^{n1} & \cdots & d^{nn} \end{bmatrix}$ 表示全球最终需求的来源结构。根据上述定义,末期（$t_1$）经济体 $r$ 各行业的实际增加值和就业向量可分别表示为

$$\begin{aligned} w_{t_1}^r &= \hat{v}_{t_1}^{(r)} \left( I - H_{t_1} \circ T_{t_1} \right)^{-1} \left( C_{t_1} \circ D_{t_1} \right) \mu \\ e_{t_1}^r &= \hat{\rho}_{t_1}^{(r)} \left( I - H_{t_1} \circ T_{t_1} \right)^{-1} \left( C_{t_1} \circ D_{t_1} \right) \mu \end{aligned} \tag{3.2}$$

第二步,计算反事实情景下的产业增加值和就业。在反事实情景中,本章假设反映产业区位选择的产品来源结构发生变化,其余变量则保持不变,即末期（$t_1$）的增加值率矩阵、就业系数矩阵、中间投入的生产技术部分和最终需求矩阵的产品结构部分均保持不变,仅中间投入系数矩阵和最终需求矩阵的来源结构变为基期（$t_0$）结构。在此情景中,经济体 $r$ 各行业的增加值（$w_{t_1 \to t_0}^r$）和就业（$e_{t_1 \to t_0}^r$）可分别表示为

$$\begin{aligned} w_{t_1 \to t_0}^r &= \hat{v}_{t_1}^{(r)} \left( I - H_{t_1} \circ T_{t_0} \right)^{-1} \left( C_{t_1} \circ D_{t_0} \right) \mu \\ e_{t_1 \to t_0}^r &= \hat{\rho}_{t_1}^{(r)} \left( I - H_{t_1} \circ T_{t_0} \right)^{-1} \left( C_{t_1} \circ D_{t_0} \right) \mu \end{aligned} \tag{3.3}$$

第三步,计算实际与反事实情景下的产业增加值和就业的差值,便得到 $t_0$ 到 $t_1$ 期全球产业布局演变对经济体 $r$ 产业增加值与就业的效应。

$$\begin{aligned} \Delta w_{t_1 \to t_0}^r &= \left( w_{t_1}^r - w_{t_1 \to t_0}^r \right) / w_{t_1}^r \\ \Delta e_{t_1 \to t_0}^r &= e_{t_1}^r - e_{t_1 \to t_0}^r \end{aligned} \tag{3.4}$$

若 $\Delta w_{t_1 \to t_0}^r > 0$,$\Delta e_{t_1 \to t_0}^r > 0$,说明全球产业布局演变提升了该经济体的产业增加值和就业;反之,若 $\Delta w_{t_1 \to t_0}^r < 0$,$\Delta e_{t_1 \to t_0}^r < 0$,说明全球产业布局演变降低了该经济体的产业增加值和就业。

上述 $\Delta w_{t_1 \to t_0}^r$ 和 $\Delta e_{t_1 \to t_0}^r$ 包括了中间投入品来源结构和最终需求品来源结构两部分的变化效应,可以利用两极分解思想进一步将其拆分为中间品结构效应

$[\Delta w_{t_1 \to t_0}^r(A)$ 和 $\Delta e_{t_1 \to t_0}^r(A)]$ 与最终品结构效应 $[\Delta w_{t_1 \to t_0}^r(F)$ 和 $\Delta e_{t_1 \to t_0}^r(F)]$。

$$\Delta w_{t_1 \to t_0}^r(A) = \frac{1}{2} \Big\{ \Big[ w_{t_1}^r - \hat{v}_{t_1}^{(r)} \big(I - H_{t_1} \circ T_{t_0}\big)^{-1} \big(C_{t_1} \circ D_{t_1}\big) \mu \Big] +$$

$$\Big[ \hat{v}_{t_1}^{(r)} \big(I - H_{t_1} \circ T_{t_1}\big)^{-1} \big(C_{t_1} \circ D_{t_0}\big) \mu - \hat{v}_{t_1}^{(r)} \big(I - H_{t_1} \circ T_{t_0}\big)^{-1} \big(C_{t_1} \circ D_{t_0}\big) \mu \Big] \Big\} \Big/ v_{t_1}^r$$

$$\Delta w_{t_1 \to t_0}^r(F) = \frac{1}{2} \Big\{ \Big[ w_{t_1}^r - \hat{v}_{t_1}^{(r)} \big(I - H_{t_1} \circ T_{t_1}\big)^{-1} \big(C_{t_1} \circ D_{t_1}\big) \mu \Big] +$$

$$\Big[ \hat{v}_{t_1}^{(r)} \big(I - H_{t_1} \circ T_{t_0}\big)^{-1} \big(C_{t_1} \circ D_{t_1}\big) \mu - \hat{v}_{t_1}^{(r)} \big(I - H_{t_1} \circ T_{t_0}\big)^{-1} \big(C_{t_1} \circ D_{t_0}\big) \mu \Big] \Big\} \Big/ v_{t_1}^r$$

(3.5)

$$\Delta e_{t_1 \to t_0}^r(A) = \frac{1}{2} \Big\{ \Big[ e_{t_1}^r - \hat{\rho}_{t_1}^{(r)} \big(I - H_{t_1} \circ T_{t_0}\big)^{-1} \big(C_{t_1} \circ D_{t_1}\big) \mu \Big] +$$

$$\Big[ \hat{\rho}_{t_1}^{(r)} \big(I - H_{t_1} \circ T_{t_1}\big)^{-1} \big(C_{t_1} \circ D_{t_0}\big) \mu - \hat{\rho}_{t_1}^{(r)} \big(I - H_{t_1} \circ T_{t_0}\big)^{-1} \big(C_{t_1} \circ D_{t_0}\big) \mu \Big] \Big\}$$

(3.6)

$$\Delta e_{t_1 \to t_0}^r(F) = \frac{1}{2} \Big\{ \Big[ e_{t_1}^r - \hat{\rho}_{t_1}^{(r)} \big(I - H_{t_1} \circ T_{t_1}\big)^{-1} \big(C_{t_1} \circ D_{t_1}\big) \mu \Big] +$$

$$\Big[ \hat{\rho}_{t_1}^{(r)} \big(I - H_{t_1} \circ T_{t_0}\big)^{-1} \big(C_{t_1} \circ D_{t_1}\big) \mu - \hat{\rho}_{t_1}^{(r)} \big(I - H_{t_1} \circ T_{t_0}\big)^{-1} \big(C_{t_1} \circ D_{t_0}\big) \mu \Big] \Big\}$$

不难证明，中间品和最终品来源结构变化带来的效应之和等于产业布局总体变化带来的效应。

接下来介绍中国产业外移的情景设定，中国参与的产业链可能部分向生产成本更低的东南亚、南亚、非洲和拉丁美洲等国家转移。Stratfor（2013）指出了 16 个位于东南亚、南亚、非洲和拉丁美洲的国家，可以作为中国继任者，代替中国世界工厂的角色。Lehmann（2012）及 African Development Bank 等（2014）也都强调了非洲作为未来全球生产链工厂的一系列优势。

假设中间投入品和最终品原本由中国供应的份额分别有一定比例被继任国家替代，具体而言，结合 Stratfor（2013）和亚洲开发银行（Asian Development Bank，ADB）编制的世界投入产出表中的国家和地区分类，本章选择印度尼西亚、印度、孟加拉国、菲律宾、越南、斯里兰卡、老挝、柬埔寨和世界其他地区（主要包括非洲和拉丁美洲国家）为东南亚、南亚、非洲和拉丁美洲的继任生产国家。对于各国所替代份额的确定，则根据各国的比较优势、贸易成本等因素综合决定。由于现有投入产出表刻画的是经济均衡状态时的产业相关关系，各产业生产链上从哪国进口中间品反映的是各生产国比较优势、贸易成本等因素综合后的结果。也就是说，原先供给份额多的国家，其比较优势、生产成本及生产能力的综合因素的优势高于其他国家，因此其接替的原本由中国生产的份额也很可能高于其他国家，每个继任生产国按照各自既有的市场份额承接从中国转移的生产。根据这一思路分别对不同情景下的 $T$ 和 $D$ 进行调整，进而利用式（3.3）~式（3.6）计算产业链重构对增加值和就业的影响。

为刻画不同国家或地区将产业转出中国的不同程度的影响，本章进一步分析单个区域的产业转出效应。同时，考虑到不同行业转移的难易程度不同，有必要对不同行业的转出进行具体分析。因此，本章设置三种情景（表3.1）来考察未来全球产业从中国转出对中国增加值和就业的影响。

表3.1 产业链重构情景设置

| 序号 | 内容 | 研究目的 |
| --- | --- | --- |
| 情景Ⅰ | 全球中间投入品和最终需求部分由中国供应的份额分别有一定比例被继任国家替代生产 | 衡量全球产业转出中国对中国GDP和就业的影响 |
| 情景Ⅱ | 仅单个区域将其生产链及最终需求中由中国供应的部分转为由继任国家供应 | 衡量单个区域将产业转出中国对中国GDP和就业的影响 |
| 情景Ⅲ | 仅在某个行业的产业链上，中间品和最终品由中国供应的部分被继任国家替代 | 衡量单个行业产业转出中国对中国GDP和就业的影响 |

本章选取 WIOD（Dietzenbacher et al., 2013）测算全球产业布局演变对中国经济和就业的影响，WIOD（2016版）提供了 2000~2014 年的世界投入产出表（包含 43 个经济体的 56 个产业数据）及相应的产业层面的就业数据。尽管 OECD-TiVA 数据库和其他投入产出数据库也提供了一些年份的世界投入产出表，但这些数据库没有提供相应的就业向量，无法满足本章的研究需求，因此本章主要使用 WIOD。考虑到中国贸易中加工出口占比高的特点及加工出口与其他贸易的生产结构具有较大异质性，还可以使用 OECD 投入产出数据库中对中国生产区分加工出口和非加工出口的国家间投入产出表进行稳健性分析。

## 3.3 中国承接产业转入的经济和就业效应

### 3.3.1 2000~2014 年全球产业布局演变对中国经济增加值与就业的贡献：总体结果

改革开放以来，特别是加入 WTO 以来，中国抓住了世界产业结构调整的机遇，发挥劳动力的比较优势和地理位置的区位优势，率先承接发达经济体的产业转移，中间品出口和最终品出口都快速增长（图 3.2）。与此同时，中国中间品出口和最终品出口占世界总中间品出口和总最终品出口的比重也分别从 2000 年的 2.73%和 5.09%上升至 2014 年的 9.09%和 16.60%。由此可见，2000~2014 年，中国在全球经济中扮演着越来越重要的角色，全球产业转移呈现转入中国的态势。

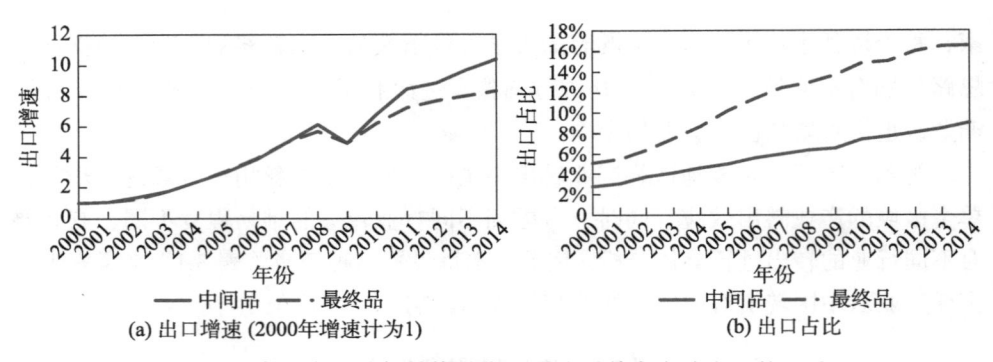

38 全球价值链重构与产业升级：理论、测度及中国对策

图 3.2 中国中间品与最终品出口增速及其占全球出口的比重

本章分别以 2000 年、2005 年、2008 年、2009 年和 2012 年的产业布局作为基期参照情形，计算了 2000~2014 年假设情景下的增加值和就业，与历年实际的产业增加值与就业进行对比，得到产业布局演变的增加值和就业效应（图 3.3）。当采用的产业布局的基期距离现在越近时，其正向效应越小，以 2014 年为例，当年的产业结构相较于 2000 年、2005 年、2008 年、2009 年和 2012 年的产业结构分别给中国贡献了当年 GDP 的 18.07%、14.53%、8.98%、7.03%和 3.22%。相应地，以 2000 年、2005 年、2008 年、2009 年和 2012 年的情形作为参照，2014 年全球产业向中国的转入分别带动了 11 199 万人、8784 万人、5347 万人、4138 万人和 1880 万人的就业。

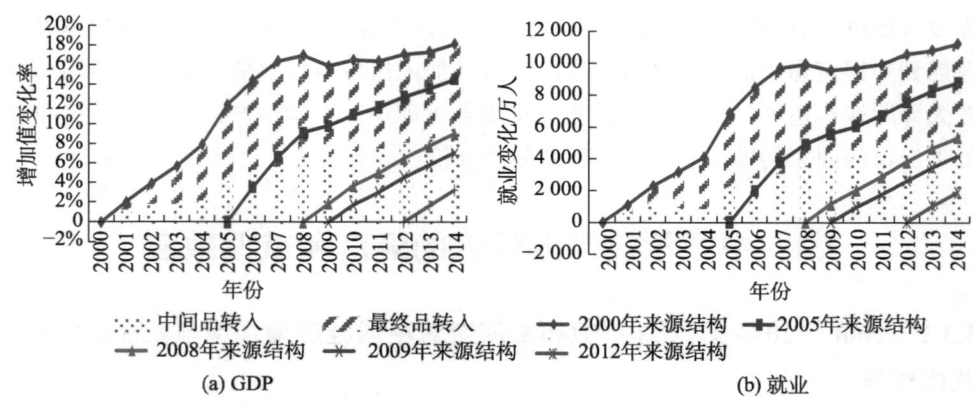

图 3.3 全球产业布局演变对中国 GDP 和就业的贡献（2000~2014 年）

中间品和最终品的来源结构变化对中国 GDP 与就业的影响在不同年份呈现不同状态。以 2000 年的来源结构为例，2008 年金融危机前，中间品转入对中国 GDP 和就业的正向贡献基本小于最终品转入的正向贡献；2008 年金融危机后，中间品转入对中国 GDP 的正向贡献仍然持续增长，而最终品转入的正向贡献则基本

不变；到2014年，两类不同路径的产业转移对中国经济的正向贡献的相对大小则发生了逆转，中间品转入和最终品转入，分别贡献了中国当年GDP的9.75%和8.32%，以及6026万人和5173万人的就业。这一现象与中国出口的中间品和最终品增长速率不同显著相关。观察图3.2（a）可知，中国中间品和最终品出口的增长速率在2008年前基本一致，2008年后，中间品出口增长的幅度开始超过最终品出口增长，并且其差距随时间不断扩大，因此，2008年后，中间品转入对中国经济的正向贡献相对最终品转入不断扩大。

### 3.3.2 2000~2014年全球产业布局演变对中国经济增加值与就业的贡献：分行业结果

不同行业在生产技术、生产要素需求及可转移程度等方面具有异质性，因此不同行业转入中国的程度有差异，全球产业布局演变对中国不同行业也呈现出不同的影响，若仅在整体层面刻画产业转移将掩盖行业的异质性信息。因此，本章进一步在行业层面，分别计算了2000年和2014年全球中间品与最终品出口中由中国贡献的份额，如表3.2所示。在全球中间品出口中，纺织及皮革制造业、电子和光学产品制造业、电气设备制造业、木材加工业和其他非金属矿物制品业这几个行业转入中国明显，其由中国供应份额均增长超过30个百分点。然而，在全球最终品出口中，电气设备制造业、电子和光学产品制造业、其他交通运输设备制造业、机械及器材制造业、建筑业、纺织及皮革制造业的最终品转入中国明显，其由中国供应份额增长均超过20个百分点。另外，尽管产业转移主要表现为制造业生产区位的变化，但服务业是制造业各生产环节的"黏合剂"，制造业各生产环

表3.2 2000年和2014年分行业的全球中间品与最终品出口中由中国贡献的份额

| 中间品 | | | 最终品 | | |
| --- | --- | --- | --- | --- | --- |
| 行业 | 2000年 | 2014年 | 行业 | 2000年 | 2014年 |
| 纺织及皮革制造业 | 20.16% | 54.96% | 电气设备制造业 | 8.32% | 39.87% |
| 电子和光学产品制造业 | 6.94% | 41.57% | 电子和光学产品制造业 | 7.41% | 33.73% |
| 电气设备制造业 | 12.36% | 46.54% | 其他交通运输设备制造业 | 5.60% | 27.99% |
| 木材加工业 | 10.89% | 43.34% | 机械及器材制造业 | 7.73% | 30.11% |
| 其他非金属矿物制品业 | 15.03% | 47.04% | 建筑业 | 6.82% | 28.80% |
| 机动车辆制造业 | 5.04% | 33.25% | 纺织及皮革制造业 | 13.97% | 34.16% |
| 食品制造业 | 7.63% | 34.97% | 科学与技术活动 | 7.81% | 27.67% |
| 金属冶炼与压延业 | 14.04% | 41.26% | 机动车辆制造业 | 2.14% | 21.87% |
| 科学与技术活动 | 1.12% | 25.98% | 金属制品业 | 4.39% | 20.61% |
| 化工业 | 11.34% | 36.02% | 食品制造业 | 5.18% | 19.03% |

注：表中数据根据2000年和2014年的世界投入产出表计算得到，表中列出了全球中间品和最终品出口中国贡献份额变动最大的前十大行业，行业按照份额变动由大到小排列

节区位跨国转移会间接带动服务业的生产区位变化。这一点在科学与技术活动的表现最为明显：2000~2014年全球产业转入中国，使得全球科学与技术活动的中间品出口中，由中国供应份额由2000年的1.12%上升至2014年的25.98%，上升了24.86个百分点。

为揭示全球产业布局变化对中国各行业的不同影响，本章进一步以2000年来源结构为基期，计算了2014年全球产业布局变化导致中国行业增加值变动最大的前十大行业，这十大行业的增加值变动贡献了全国行业增加值变动的58%（图3.4）。其中，批发业、电子和光学产品制造业、化工业、金属冶炼与压延业的行业增加值变动中，由中间品转入的贡献明显大于由最终品转入的贡献。其中，全球产业

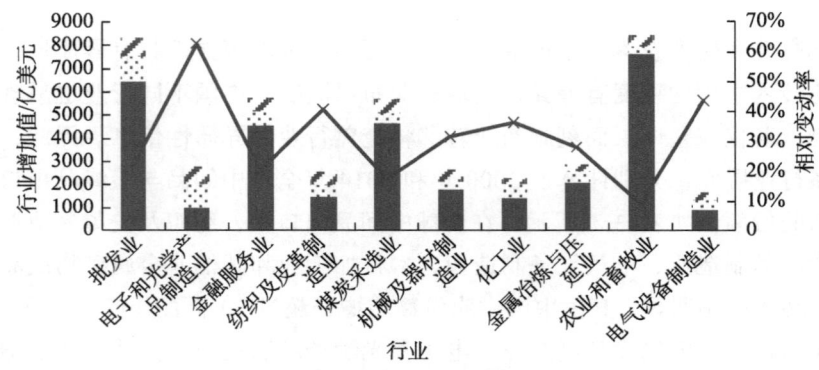

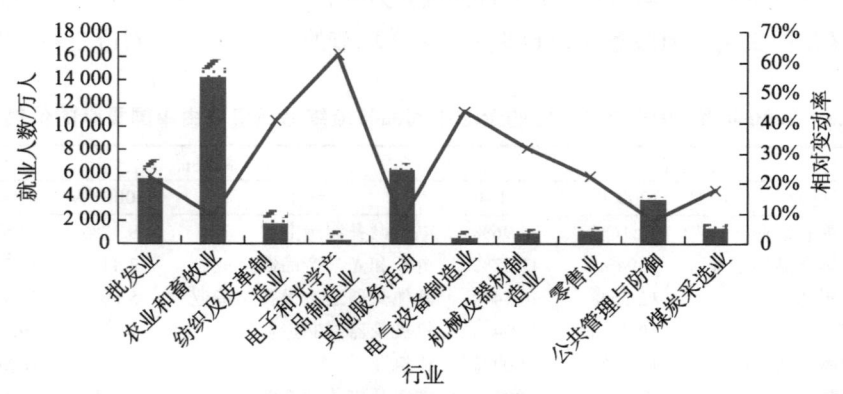

图 3.4 2000~2014年全球产业布局演变的增加值效应和就业效应（行业层面）

假设情景表示按照2000年的中间品和最终品来源结构计算的2014年的假设行业增加值和就业人数。中间品转入带动和最终品转入带动分别表示仅中间品来源结构和仅最终品来源结构变为2014年来源结构时带动的行业增加值增长和就业人数增长。折线图表示各行业的相对变动。行业根据绝对变动由大到小排列，且仅展示了绝对变动最大的前十大行业

布局变化对批发业的明显拉动作用在于其他产业转入中国所间接带动的批发业的增长。与之相反，纺织及皮革制造业、煤炭采选业、机械及器材制造业这三个行业的增加值变动中，由最终品转入的贡献明显大于中间品转入的贡献。从行业增加值的相对变动来看，电子和光学产品制造业、电气设备制造业、纺织及皮革制造业、化工业、机械及器材制造业的行业增加值相对变化最大，均超过30%，成为全球产业布局变化对中国增加值影响最大的前五大行业。

全球产业布局变化对就业影响最大的前十大行业与对增加值影响最大的前十行业大部分重合，但行业排序和相对影响程度有所变化。全球产业转入对批发业及农业和畜牧业就业影响最大，分别带动了各自1595万人和1446万人的就业，其次是对纺织及皮革制造业、电子和光学产品制造业的影响，分别带动了各自1206万人和723万人的就业。从行业就业的相对变动来看，电子和光学产品制造业、电气设备制造业、纺织及皮革制造业、机械及器材制造业的行业就业相对变化最大，均超过30%，成为全球产业布局变化对中国就业影响最大的前四大行业。

## 3.4 产业转出对中国GDP和就业的潜在冲击

### 3.4.1 产业转出对中国GDP和就业的冲击：总体结果

中国生产成本的上升及面临的外部冲击可能会加剧中国部分产业或者生产环节转移到生产成本更低的东南亚、南亚、非洲和拉丁美洲等国家。因此，本节以全球投入产出表为基础，假设中间品和最终品贸易份额中由中国提供的部分份额被转移到东南亚、南亚、非洲和拉丁美洲国家，来考察未来全球产业从中国转出对中国增加值和就业的影响。

由于电子电气设备、交通运输设备等行业的技术密度高，对承接转入的经济体的技术水平和基础设施有较高的要求，因此其短期内不容易被转移到劳动力成本低的地区。相反地，食品制造、纺织服装、皮革鞋帽、木材加工业和造纸业这些行业的劳动力强度高而技术密度小，相对其他行业更容易被转移到劳动力成本低的地区。因此，首先对劳动密集型行业的转出进行分析。假设国外厂商生产的中间投入品和最终品中由中国供应部分依次有10%到100%转出的十个情景，得到其对中国GDP和就业的影响（图3.5）。可以发现，最终品转出对中国经济的潜在负面影响比中间品产业转出的负面影响更大，且其负面影响随着产业转出比例的提高而增大。当产业转出10%时，会降低GDP总量0.21个百分点，减少213万人就业；而产业全部转出时，会降低GDP总量2.24个百分点，减少2221万人就业（最终品转出的贡献是中间品转出贡献的2倍多）。

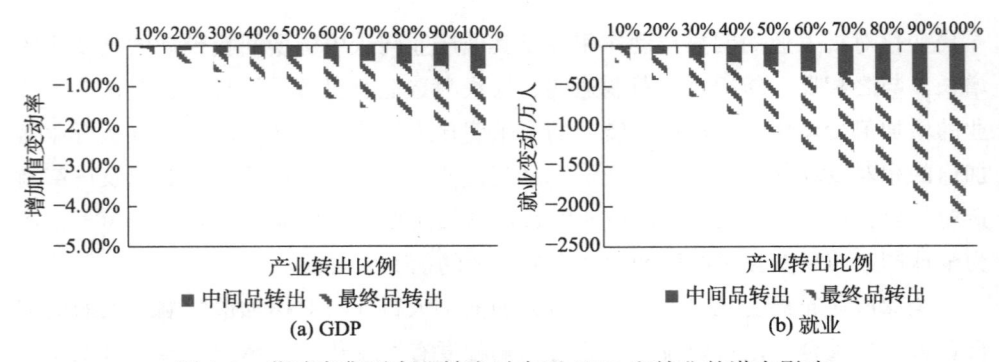

图 3.5　劳动密集型产业转出对中国 GDP 和就业的潜在影响

进一步对所有产业转出情景进行考察,由于服务业出口的比例并不大,该情景相较之前情景主要是多了非劳动密集型产业的转出。同样地,假设国外厂商生产的中间投入品和最终品中由中国供应部分依次有 10% 到 100% 转出的十个情景。结果发现,该情景下中国经济所受的负向冲击较之前仅劳动密集型外商产业转出情景下的负面影响大幅上升,非劳动密集型行业的转出对中国经济的负向影响巨大。对于所有产业而言,中间品产业转出和最终品产业转出对中国经济的潜在负面影响大致相当,当产业转出 10% 时,会降低中国 GDP 总量 1.59 个百分点,减少 1156 万人的就业;而产业全部转出时,会降低中国 GDP 总量 17.05 个百分点,减少 12 000 万人的就业(占 2018 年实际就业 77 586 万人的 15.47%),中间品和最终品的转出分别贡献了一半。

### 3.4.2　单个经济体将产业从中国转出的情景分析

3.4.1 节考察了所有国家将生产链中由中国供应部分转出带来的负向影响,本节进一步分经济体考察某些经济体将其生产链上中间品及最终需求中由中国供应部分全部转出带来的负向影响。如表 3.3 所示,中国出口到前八大目的地的出口总额占到中国总出口的 70.12%(见第 2 列),这表明经济体的产业区位选择变动对中国经济有重要影响。各个经济体将产业转出对中国经济负向影响的程度与中国对该经济体出口占中国总出口的比重呈正相关关系:世界其他地区、美国、日本和韩国将产业转出对中国 GDP 负向影响最大,分别达到 5.41%、2.28%、0.99% 和 0.32%,合计影响(9%)超过全球产业转出中国影响(17.05%)的一半。

对于世界其他地区、韩国、荷兰和印度而言,其将中间品转出对中国的负向影响比最终品转出的负向影响更大(见表 3.3 第 3 列和第 4 列),这说明相比最终需求对中国的依赖而言,这些经济体的中间生产环节对中国的依赖性更强。然而,相反地,对于美国、日本、德国等一些发达国家,最终品产业转出对中国的负向影响比中间品转出的负向影响更大,由于中国更多地是参与到这些国家的最终品

表 3.3　单个经济体将产业转出对中国 GDP 和行业增加值的负向影响

| 进口方 | 占中国出口总额份额 | 中间品转出负向影响 | 最终品转出负向影响 | 行业 1 | 行业 1 相对变化 | 行业 2 | 行业 2 相对变化 |
|---|---|---|---|---|---|---|---|
| 世界其他地区 | 33.03% | −2.92% | −2.49% | 批发业 | −12.54% | 电子和光学产品制造业 | −13.92% |
| 美国 | 14.92% | −0.82% | −1.46% | 电子和光学产品制造业 | −8.31% | 农林牧渔业 | −1.92% |
| 日本 | 6.57% | −0.39% | −0.60% | 电子和光学产品制造业 | −3.96% | 农林牧渔业 | −1.03% |
| 韩国 | 4.37% | −0.24% | −0.09% | 电子和光学产品制造业 | −2.11% | 采选业 | −1.15% |
| 德国 | 4.06% | −0.15% | −0.16% | 租赁与商务服务业 | −1.59% | 电子和光学产品制造业 | −2.10% |
| 俄罗斯 | 2.61% | −0.10% | −0.22% | 电子和光学产品制造业 | −1.75% | 金属冶炼与金属制品业 | −1.18% |
| 荷兰 | 2.38% | −0.19% | −0.15% | 电子和光学产品制造业 | −1.19% | 租赁与商务服务业 | −0.65% |
| 印度 | 2.18% | −0.11% | −0.06% | 电子和光学产品制造业 | −0.91% | 采选业 | −0.64% |
| 合计 | 70.12% | −4.92% | −5.23% | | | | |

注：世界其他地区主要包括亚洲、南美洲和非洲的一些国家；表中第 3 列、第 4 列数据表示单个区域将其生产链及最终品中由中国供应部分全部转出给中国 GDP 带来的负向影响；后 4 列根据绝对影响程度，列出了各区域将产业转出对中国各行业增加值负向影响最大的两个行业及其增加值的相对变化；表中展示了占中国出口总额份额的前 8 个国家或地区的计算结果。

供给中，也就是说这些国家最终品需求中有较高比例从中国进口，因此其最终品转出对中国的负向影响更大。

表 3.3 同时展示了各个国家或地区将产业转出对中国各行业增加值负向影响最大的前两个行业及其行业增加值的相对变动。电子和光学产品制造业在各国或地区将产业转出对中国影响最大的前两大行业中均有出现，并且具有相对较高的行业增加值变动，这表明中国的电子和光学产品制造业在全球价值链的融入度最高，因此产业转出对该行业的影响最为明显。除此之外，批发业、农林牧渔业、采选业、租赁与商务服务业以及金属冶炼与金属制品业同样受到较大的冲击，其中，批发业、采选业、租赁与商务服务业主要是受中间品产业转出的影响，而农林牧渔业和金属冶炼与金属制品业主要是受到最终品转出的影响。

类似地，各个国家或地区产业转出对中国就业负向影响的程度与其从中国进口占中国总出口的比重呈正相关关系：世界其他地区、美国、日本和韩国的生产链移出对中国就业的负向影响最大，分别达到 4388 万人、1618 万人、720 万人和 449 万人，合计影响（7175 万人）超过全球产业转出对中国影响（12 000 万人）的一半。

各个国家或地区产业转移效应中中间品转出和最终品转出对中国就业的相对影响大小与对 GDP 的相对影响大小类似，并且对电子和光学产品制造业的就业影响同样较大。与对 GDP 影响不同的是，各个国家或地区将产业转出对中国的农林牧渔业就业影响最大，主要是因为中国作为农业大国，农林牧渔业的就业人数占比接近总就业人数（20 258 万人）的 1/3（26.11%），各国将最终品转出对其就业影响显著。除此之外，零售业和纺织业的就业人数变动也较为显著，体现了这些行业劳动密集的特征。

### 3.4.3 单个产业从中国转出的情景分析

由于相比其他行业，制造业的生产链更加全球化。因此，本节进一步考察细分制造业转出对中国经济的影响。本章将 13 个制造行业细分为劳动密集型、资本密集型和技术密集型三大类。这三大类制造业行业 2018 年增加值分别占 GDP 总量的 3.09%、11.83% 和 11.57%（表 3.4），就业分别占中国就业总量的 2.86%、6.27% 和 7.20%。

表 3.4 单个产业转出对中国 GDP 和行业增加值的负向影响

| 分类 | 行业 | 2018年增加值份额 | 中间品转出负向影响 | 最终品转出负向影响 | 总体负向影响 | 关键影响行业 行业1 | 行业1相对变化 | 行业2 | 行业2相对变化 |
|---|---|---|---|---|---|---|---|---|---|
| 劳动密集型 | 纺织业 | 1.90% | −0.43% | −1.29% | −1.72% | 纺织业 | −38.71% | 农林牧渔业 | −3.39% |
| | 皮革及鞋帽制造业 | 0.37% | −0.05% | −0.35% | −0.40% | 皮革及鞋帽制造业 | −29.85% | 农林牧渔业 | −0.95% |
| | 木材加工业 | 0.82% | −0.11% | −0.02% | −0.13% | 木材加工业 | −7.09% | 农林牧渔业 | −0.28% |
| 资本密集型 | 食品制造业 | 3.67% | −0.09% | −0.30% | −0.39% | 农林牧渔业 | −1.61% | 食品制造业 | −3.86% |
| | 造纸印刷业 | 0.72% | −0.09% | −0.02% | −0.11% | 造纸印刷业 | −6.37% | 农林牧渔业 | −0.13% |
| | 石油加工炼焦业 | 0.99% | −0.14% | −0.03% | −0.17% | 采选业 | −1.37% | 石油加工炼焦业 | −3.54% |
| | 橡胶和塑料制品业 | 0.89% | −0.29% | −0.10% | −0.39% | 橡胶和塑料制品业 | −13.36% | 化工业 | −1.65% |
| | 其他非金属矿物制品业 | 2.00% | −0.27% | −0.06% | −0.33% | 其他非金属矿物制品业 | −5.99% | 采选业 | −0.85% |
| | 金属冶炼与金属制品业 | 3.56% | −0.84% | −0.26% | −1.10% | 金属冶炼与金属制品业 | −10.34% | 采选业 | −3.99% |
| 技术密集型 | 化工业 | 2.68% | −0.65% | −0.13% | −0.78% | 化工业 | −9.77% | 采选业 | −1.78% |
| | 其他机械设备制造业 | 2.33% | −0.50% | −0.74% | −1.24% | 其他机械设备制造业 | −18.69% | 金属冶炼与金属制品业 | −2.65% |
| | 电子和光学产品制造业 | 3.81% | −2.13% | −2.51% | −4.64% | 电子和光学产品制造业 | −43.94% | 批发业 | −4.42% |
| | 交通运输设备制造业 | 2.75% | −0.34% | −0.42% | −0.76% | 交通运输设备制造业 | −10.52% | 批发业 | −0.78% |
| | 合计 | 26.49% | −5.931% | −6.231% | −12.16% | | | | |

注：表中第 4 列~第 6 列数据表示单个行业的产业转出中国（即全球生产链中由中国供应部分被低生产成本国家替代）给中国 GDP 带来的负向影响；最后 4 列根据绝对影响程度，列出了各行业产业转出对中国行业增加值负向影响最大的两个行业及其增加值的相对变化

技术密集型产业的转出，尤其是电子和光学产品制造业、其他机械设备制造业的转出对中国 GDP 的负向影响最大，这两个行业的产业转出分别降低中国增加值 4.64%和 1.24%。通过投入产出表测算可知，中国这两个产业有很高的全球生产链融入度：全球电子和光学产品制造业中间品与最终品出口中，中国提供份额分别达到 21.66%和 37.21%；其他机械设备制造业中间品与最终品出口中，中国供给的份额分别达到 13.79%和 16.39%。

对于大部分劳动密集型产业（木材加工业除外）和技术密集型行业（化工业除外）而言，最终品转出负向影响比中间品转出负向影响更大；而对于大部分资本密集型行业（食品制造业除外）而言，中间品转出比最终品转出的负向影响更大。这有两方面原因，一方面，资本密集型产品多用于中间投入，而大部分劳动密集型和技术密集型产品更靠近消费者；另一方面，劳动密集型产业的全球生产链较短，而中国的技术密集型产业有较大比例是负责全球生产链上最后的加工组装等低附加值环节。

从对各产业增加值的影响来看，除了食品制造业和石油加工炼焦业外，其他产业的转出均是对自身增加值的负向影响最大，对其主要中间投入来源产业的影响次之。

就业方面，电子和光学产品制造业的产业转出对中国就业的负向影响最大，达到 2910 万人，其次是纺织业和其他机械设备制造业转出对就业的负向影响，分别达到 1646 万人和 801 万人。各行业的中间品和最终品转出对就业的负影响与对行业增加值的影响一致，即对于大部分劳动密集型行业（纺织业和皮革及鞋帽制造业）和技术密集型行业（化工业除外）而言，最终品转出比中间品转出的负向影响更大；而对于大部分资本密集型产业（食品制造业除外）而言，中间品转出比最终品转出的负向影响更大。从对各行业就业的影响来看，对于所有的劳动密集型行业及食品制造业、石油加工炼焦业和化工业而言，其行业的产业转出均是对农林牧渔业的就业影响最大，对自身就业的负向影响次之，这再次表明农林牧渔业高劳动密集的特性。

## 3.5　我国应对产业布局调整的政策启示

本章基于全球多区域投入产出模型，采用反事实和情景分析法，提出了全球产业布局变化对中国 GDP 和就业影响的测算框架，并运用世界投入产出表和就业数据进行了实证分析。具体地，本章有如下发现。

（1）2000~2014 年，全球产业布局变化呈现不断转入中国的态势，对中国的经济和就业增长具有显著贡献，这一结果体现了过去中国积极融入国际大循环对

GDP 和就业的正向贡献作用。

（2）近年来面临的产业外移对中国经济潜在的负向影响不容忽视，对未来产业转出中国的情景分析显示，非劳动密集型产业的转出对中国经济的影响大于劳动密集型产业的转出。分经济体来看，世界其他地区、美国、日本和韩国将产业转出对中国 GDP 和就业影响最大，合计影响超过全球产业转出对中国影响的一半。对于大部分发达经济体而言，其最终品需求转出对中国的负向影响比中间品转出的负向影响更大；而对大部分发展中经济体，情况则相反。各经济体最终品转出对纺织业、零售业等劳动密集型行业的就业有较大影响。

（3）分产业看，技术密集型产业的转出，尤其是电子和光学产品制造业、其他机械设备制造业的转出对中国 GDP 的负向影响最大；对于大部分劳动密集型产业和技术密集型产业而言，最终品转出比中间品转出的负向影响更大；对于大部分资本密集型产业而言，情况则相反。各产业的转出对该产业自身及与该产业关联紧密的上游产业影响较大。中间品产业布局演变涉及价值链重构及与生产链上下游厂商的协调问题，中间品产业布局相较于最终品产业布局更难调整。

值得注意的是，中国有比其他经济体更加完整的工业体系，是全世界唯一拥有联合国产业分类中全部工业门类的国家。在特定产业，中国所能提供的技术和劳动力水平不是目前东南亚低工资国家能轻易取代的。中国有很大的内需市场支持供应链留在中国，部分"在中国，为中国生产"的外商生产将倾向于留在国内。因此，本章所分析的中国供应链被完全或者大部分取代，短期内应理解为产业转移的上限。

中国产业尚未发展到可以将劳动密集型生产环节大量向外转移的阶段，根据本章测算结果，即便是中国 20%~30%的劳动密集型产业向外转移都将影响数百万人的就业。因此，应该充分认识到中国产业外移的严峻挑战及其导致的经济和就业风险，需从短期政策和长期战略角度积极布局应对。面对全球生产链分散化和多元化的挑战，短期内要着力稳定中国供应链，减缓外部冲击导致的中国产业被迫外移；长期看要加强中国外资和技术战略的统筹部署，从根本上提升中国主动适应全球供应链调整的能力。

随着中国不可逆转的要素成本上升，以及新冠疫情过后欧美供应链安全意识的进一步强化、以智能化和自动化生产为核心特征的新一轮科技革命与产业变革的深入推进，未来全球生产链或将向分散化和多元化调整发展。面对这一调整趋势，进一步激活国内市场，发展壮大国内大循环是现阶段高质量发展的应有之义。与此同时，中国应当积极调整产业发展战略和技术创新战略，主动适应全球供应链调整的趋势，通过加强高新技术的研发而主动壮大自身在全球产业链的分工份额，力争在全球供应链调整过程中占据更加积极有利的位置，实现"以内循环为主体，国内国际双循环相促进"的格局，将全球产业布局调整对中国的负面影响降到最低。

第一，关注纺织业、皮革及鞋帽制造业等传统劳动密集型产业，以及技术密集型产业里的劳动密集型生产环节向外转移的态势及其可能造成的负向影响。应着力发挥中西部地区劳动力成本低等比较优势，促进产业在国内有序转移，优化区域产业链布局，支持老工业基地转型发展。东部地区的这些行业吸纳了大量的低技能就业人员，需特别注意这些产业的外移带来的失业风险。为应对这种结构性失业风险，应加强职业技能培训的投入，规范培训机构的建设，更好地培训低技能劳动者，使之尽快适应新技术变革背景下的岗位需求，成为新的就业者。

第二，涉外战略上，推进中国更高水平的对外开放，促进多边贸易的健康发展，坚定外商投资企业的对华投资信心。"引进来"的同时积极"走出去"，即在进一步提升中国投资吸引力的同时，加快中国制造业战略性的对外投资布局。政策不确定性是动摇企业进行贸易和跨境投资的重要影响因素之一，面对美国等经济体对华政策的多变性，中国应变不确定为确定，继续坚定地按照自己的节奏深化改革、扩大开放，维持经济健康稳定发展，建立起全面开放、完善的社会主义市场经济体制。"引进来"要构建更加开放、公平的竞争和投资环境来巩固中国作为全球制造业中心的区位吸引力，包括继续完善营商环境，加大贸易融资支持力度，保障企业合理资金需求，帮助企业降本增效；继续压减全国和自贸试验区负面清单，进一步扩大外资准入领域；健全外商投资服务体系，实施好《中华人民共和国外商投资法》《中华人民共和国外商投资法实施条例》。与此同时，面对全球供应链分散化的趋势，中国企业可以"走出去"，加强企业对外直接投资，实现"在哪儿生产在哪儿销售"，顺应全球供应链本地化的诉求。

第三，中美经贸关系已进入博弈阶段，面对美国对中国技术密集型产业不断升级的打压，中国技术学习难度越来越大，未来中国的技术创新环境将发生根本性的变化。加强中国应对全球产业链调整的核心在于提高中国产业自身的技术能力，必须将攻关"卡脖子"技术提高到国家战略高度，加快完善中国自身的技术创新体系，开辟新的技术创新路径，切实提高中国制造业的原始创新能力和自主创新能力。通过切实加强知识产权保护，鼓励原始创新而不是技术模仿；积极推动国家科研力量、技术研发机构、研究型大学与企业等多方面力量的协同合作，完善科研创新体系，形成自主创新和原始创新导向的创新体系与政策体系，从而推动中国技术密集型产业在全球生产链上的升级，提升中国企业在全球供应网络中的不可替代性和不可转移性，对冲低端生产环节向外转移的负面影响，防止产业空心化；为牢固中国在全球价值链中的地位，应该从优势产业开始，培育一批在全球范围有竞争力的本土跨国公司，推动全球高级要素向中国集聚，着力增强核心零部件的自主研发能力，培养若干条中国企业主导的全球价值链；技术创新高度依赖基础研究能力，要重视科学、技术、工程和数学等基础学科建设，为培育高质量的劳动力及实现产业结构、就业结构升级奠定坚实的基础。

# 第 4 章
## CHAPTER 4

# 全球价值链分工下产业升级的测度与分析

提升国家竞争力的一个重要问题是如何提升产业在全球价值链中的地位，这要求恰当地衡量一个经济体（产业）在全球价值链上的发展与升级程度。然而，各界对产业升级没有标准的定义，更缺乏较完善的衡量指标。有的学者使用产业结构变化来表示产业升级，有的则使用生产率、增加值率等指标。这些指标存在差异，同时具有一定相关性，反映了产业升级的某些维度。本章考虑产业升级的传统内涵及全球价值链分工下演化的新内涵，通过系统性的文献分析方法提取产业升级的多个衡量指标，删除重复和一些高度相关的指标之后，保留了八个指标，并将其中四个传统指标调整为反映全球价值链分工特点的新指标，然后利用探索性因子分析法，以求构建产业升级的一个综合性指标，结果显示，一个指标难以刻画产业升级的多维性，因此，我们最终构建了产业升级的三个量化维度：生产工序升级、产品升级和技能含量升级。

## 4.1 引 言

产业升级，通常也被称为经济升级或简称升级，已成为学术界、政界及国际组织的一个重要议题和研究热点，特别是对于主要从事低端产业的发展中国家而言，产业升级尤为重要。比如，近年来，中国制造业所面临的中高端节点向发达国家回流和中低端节点向其他发展中国家分流的双重压力将我国产业升级问题提到了至关重要的位置，经济学家和政府工作者都在积极倡导中国产业从低端向中高端迈进，鼓励中国企业积极探索产业升级的方式并付诸实践。

对产业升级进行合适的量化研究及政策讨论的前提之一是合适的产业升级衡量指标，对产业升级程度进行衡量有两个主要困难，一方面，产业升级并没有标准的定义，不同学者在研究中往往解读产业升级的某些维度；另一方面，产业升级的衡量框架应该考虑产业链、价值链分工已经全球化的典型事实。

为解决这两方面困难，本章首先通过系统性的文献调研提取产业升级的八个指标，其中四个指标是基于贸易总值测算的，如出口增长率和出口市场份额。在全球价值链分工下，贸易总值会对贸易利益的核算造成扭曲（Johnson and Noguera, 2012；Johnson, 2014a； Koopman et al., 2014），进而可能会对产业升级的衡量造成误导。因此，我们提出衡量产业升级要考虑全球价值链视角，并将基于出口总值测算的指标调整为基于出口增加值进行测算。

然后，对这八个指标进行探索性因子分析，检测产业升级的多维性。这样做的主要理由是，我们通过系统性的文献分析发现产业升级是个多维概念，很难用一个指标来衡量。比如，Kaplinsky 和 Readman（2001）、Humphrey 和 Schmitz（2002）提出了四类产业升级：生产工序升级、产品升级、功能升级和产业间升级，这四类升级意味着产业升级有多个重要的维度。这四类升级目前引用比较广泛。比如，Giuliani 等（2005）在研究拉丁美洲的十二类产业及 Gereffi 和 Evgeniev（2008）在研究土耳其及保加利亚的纺织服装行业时都沿用了这四类升级，这些具体的行业研究都佐证了产业升级的多维性。在衡量产业升级时，需要考虑它的多维性，否则容易忽略它的一些重要信息。

探索性因子分析是一项用来找出多元观测变量的本质结构，并进行降维的技术，它能够将具有错综复杂关系的多个变量综合为少数几个核心因子。利用 WIOD 和因子分析，本章提出了产业升级的三个可量化维度——生产工序升级、产品升级和技能含量升级，这三个维度较好地量化了 Kaplinsky 和 Readman（2001）、Humphrey 和 Schmitz（2002）所提出的四类产业升级概念。利用这三个维度，本章比较分析了不同经济体不同产业的升级程度。结果表明，生产工序升级、产品升级和技能含量升级这三个维度的升级有一定的弱相关性，但它们着实反映了不同维度的产业升级。这进一步验证了产业升级的多维性，需要系统性的框架来衡量。

## 4.2　产业升级的衡量指标及其测算

本节提出全球价值链视角下产业升级的衡量框架，分为两小节，第一小节通过系统性的文献综述提出产业升级的衡量指标，并对部分指标进行改进；第二小节介绍如何利用世界投入产出模型对这些指标进行测算。

### 4.2.1　文献综述与产业升级的衡量指标

产业升级较早被定义为更高效地生产质量更好的产品，这一定义是在产品间分工体系下设定的，强调经济体提高产品生产效率和质量的能力，对于理解企业在产品质量和生产工序上的升级至关重要。然而，Kaplinsky 和 Readman（2001）、Humphrey 和 Schmitz（2002）指出这一经典定义局限于企业层面，而且不能反映产品内分工下生产工序的升级，他们认为应该从更宽广的视角看待产业升级，并提出了四类产业升级：生产工序升级、产品升级、功能升级和产业间升级。为了全面反映这四类升级，产业升级进一步被定义为提高生产过程中的技术含量、知识含量及技能含量，攀向附加值较高的生产工序，以提升参与全球价值链获得的收益（Gereffi，2005）。

虽然Kaplinsky和Readman（2001）、Humphrey和Schmitz（2002）的四类产业升级是基于概念模式提出的，没有给出量化指标，但从这四类升级的含义出发，可以提取相应的衡量指标。生产工序升级是提高生产过程的效率，生产工序升级可以通过资本替代劳动力来实现。比如，通过自动化的形式可以提高生产率。由此，一些文献利用以下指标来衡量生产工序升级：劳动生产率增长率（Taglioni and Winkler，2016）、资本报酬增长率（Milberg and Winkler，2011）和资本密集度增长率（Barrientos et al.，2011）。

产品升级则往往发生在有满足消费者潜在需求的新产品诞生或者原有产品的改进速度强于竞争对手时，为了反映产品升级，一些研究利用基于贸易的指标作为升级的衡量指标。Kaplinsky和Readman（2005）在研究木制家具产业时，提出联合使用出口市场份额和单位出口价值（对于某种商品而言，即商品出口价格）两个指标能够更可靠地衡量一个产业是否经历了产业升级，在市场份额有所上升或者保持稳定的情况下，如果单位出口价值有所上升，说明产业有所升级。Amighini（2006）沿用了这一做法，Li和Song（2011）进一步解释了这两个指标作为产业升级衡量指标的理论基础，产品质量能够直接反映一个国家的产业是否发生了本质变化，产品质量的好坏直接关系到国际市场上消费者的偏好，消费者的偏好则会体现在该产品的国际市场价格上，质量好的产品价格往往高于质量差的产品价格（Aiginger，1997），因此，产品的价格往往可以作为评价质量的一个重要指标，在出口市场份额保持稳定或增长的情况下，价格的上涨往往意味着产品质量的升级。产品升级，意味着在维持市场占用率的同时维持价格的稳定或者上涨。

功能升级是指通过多种企业行为（如改善物流）或改变自身在价值链上所处的位置（如由加工生产环节转为设计）来提高产品附加值，一种典型的功能升级便是从简单的加工组装转向为全套生产或者研发设计、营销等附加值较高的生产工序。功能升级相对而言比较难量化，但是却会体现在高技能工人的比例上。研发设计、营销等高附加值生产工序是知识和技术密集度高的环节，需要有更高技能（学历）的工人来进行，因此功能升级往往会表现为高技能（学历）工人比例的上升。据此，就业中的高技能含量增长率及出口中包含的高技能含量增长率也是衡量产业升级的两个重要指标（Barrientos et al.，2011；Milberg and Winkler，

2011）。

产业间升级是指转移到另一条生产链（价值链）上，如由生产晶体管收音机转为生产计算器、电视机或电脑显示器。产业间升级在宏观层面上往往表现为产业结构的变化，比较典型的产业结构升级模式为从农业生产逐渐转向纺织服装等轻工业生产，进而转向具有更高技术含量的工业产品及服务业。尽管目前没有产业结构升级的明确衡量指标，但是一些研究（Lin and Wang, 2012）使用各个产业的增加值占比或者产业的出口结构来研究一个经济体总体的产业结构变化。在后文的因子分析中，我们并不纳入各个产业的增加值占比或者产业的出口结构这样的指标来衡量产业结构升级，因为其他指标已经包含了产业结构变化的信息。比如，在经济体的总体层面，该经济体的单位出口增加值（出口增加值与出口额的比值）已经包含了该经济体出口结构的变化和各个产业本身单位出口增加值的变化。如果我们将产业出口结构这样的指标纳入，将会带来严重的数据交叉重复，也会使得因子分析结果不合理。尽管如此，后文将考虑自然资源密集型产业和其他产业的出口结构的变化，对经济体总体层面的结果进行稳健性分析。

总结而言，我们从现有文献中提取了八个产业升级的衡量指标（表 4.1）：劳动生产率增长率、资本报酬增长率、资本密集度增长率、出口增长率、出口市场份额增长率、单位出口价值增长率、就业中的高技能含量增长率及出口中包含的高技能含量增长率。

表 4.1　八个产业升级衡量指标的来源与定义

| 指标 | 来源 | 定义 |
| --- | --- | --- |
| 劳动生产率增长率 | Milberg 和 Winkler(2011)<br>Taglioni 和 Winkler(2016) | 劳动生产率增长率，其中劳动生产率为增加值与劳动力的比值 |
| 资本报酬增长率 | Milberg 和 Winkler(2011) | 资本报酬增长率 |
| 资本密集度增长率 | Barrientos 等(2011) | 资本密集度增长率，其中资本密集度为资本存量与劳动力的比值 |
| 出口增长率 | Kaplinsky 和 Readman(2005)<br>Milberg 和 Winkler(2011)<br>Barrientos 等(2011) | 从全球价值链视角调整为出口增加值增长率 |
| 出口市场份额增长率 | Kaplinsky 和 Readman(2005)<br>Amighini(2006)<br>Li 和 Song(2011) | 从全球价值链视角调整为出口增加值市场份额增长率 |
| 单位出口价值增长率 | Kaplinsky 和 Readman(2005)<br>Amighini(2006)<br>Gereffi 和 Evgeniev(2008)<br>Li 和 Song(2011) | 从全球价值链视角调整为单位出口增加值增长率 |
| 就业中的高技能含量增长率 | Milberg 和 Winkler(2011)<br>Barrientos 等(2011) | 就业中的高技能含量增长率，其中技能含量用就业中高技能工人所占比例指代 |
| 出口中包含的高技能含量增长率 | Milberg 和 Winkler(2011)<br>Barrientos 等(2011) | 出口中包含的高技能含量增长率，其中出口中包含的高技能含量是从全球价值链视角测算的出口中包含的高技能工人数 |

产业升级的衡量指标包含一些基于出口总值的指标，如出口增长率、出口市场份额增长率和单位出口价值增长率。然而，值得注意的是，在全球价值链分工下，这些指标由于生产工序的全球化分割而备受质疑。在过去产品间分工下，各个经济体负责某种产品的所有生产工序并将该产品出口到国际市场与其他经济体的产品进行竞争，这种分工体系下，出口值就是出口经济体从出口中所获得的贸易利益，各个经济体依赖于国内企业生产出物美价廉的产品，然后到国际市场上进行产品与产品之间的竞争（Timmer et al., 2013, 2015）。这种分工形式下，确实可以利用出口增长率、出口市场份额增长率和单位出口价值增长率这些基于贸易总值的指标来刻画产业升级。但是，全球化已经进入了一种全新阶段，主要表现为产品间分工转变为产品内分工，某种产品的生产工序很可能由全球多个经济体共同完成，各个经济体在不同生产环节向该产品贡献不同的价值。产品内分工体系下，一个经济体的出口值将不再是该经济体获得的出口利益，出口商品的价格、出口市场份额也不再能完全反映该经济体该产品在国际市场上的竞争力。为了刻画全球价值链分工体系的重要变化，我们对这些指标进行调整，由基于海关的贸易总值测算调整为基于贸易增加值进行测算。

虽然 WTO 和 OECD 等国际机构及众多学者已经指出现行的以贸易总值为标准的国际贸易统计会对贸易利益核算（Johnson and Noguera, 2012; Koopman et al., 2014; Timmer et al., 2014; Kee and Tang, 2016; Chen et al., 2019）及一些基于贸易总值的指标带来严重的误差，但是，目前很少有研究从全球价值链的视角去改进产业升级的指标。本书将对此进行改进，将海关的贸易总值调整为贸易增加值，具体地，将出口增长率、出口市场份额增长率及单位出口价值增长率分别调整为出口增加值增长率、出口增加值市场份额增长率及单位出口增加值增长率。

进一步地，按照受教育程度将劳动力分为高技能、中等技能和低技能三类，并利用所有工作时间中高技能劳动力的工作时间比例作为就业人员中高技能人员比例的替代变量。与出口增加值的测算方法类似，我们可以测算出口中包含的高技能劳动力的工作时间，并将其作为出口中包含的高技能含量的替代变量。相比中等技能和低技能劳动力而言，高技能劳动力更有可能以更高效率生产更高质量的产品，而且高技能劳动力更有可能从事研发设计、营销等附加值更高的生产环节，因此，高技能劳动力工作时间的比例是衡量产业升级的一个重要指标。

## 4.2.2 产业升级衡量指标的测算

本节基于全球多区域投入产出模型（表式如表 2.1 所示）进行指标测算，各经济体各部门利用要素投入和中间品投入生产产品，投入的中间品可以是本国自己生产的，也可以从国外进口。市场出清时，中间投入与最终使用之和等于总产出。由第 2 章的介绍可知，经济体 $s$ 的出口增加值向量为 $\mathbf{vax}^s = \sum_k \sum_{t \neq s} \hat{\mathbf{v}}^s \mathbf{B}^{sk} \mathbf{f}^{kt}$。经济体 $s$ 部门 $i$ 的出口增加值为 $\mathbf{vax}_i^s$（$\mathbf{vax}^s$ 的第 $i$ 个元素），其总出口增加值为 $\mathbf{vax}^s = \sum_i \mathbf{vax}_i^s$。

出口增加值的测算方法可以推广至核算出口中包含的各种要素投入，如资本和劳动力等。定义 $(\mathbf{l}^s)'$ 为高技能工人投入系数向量，其元素 $l_j^s$ 表示经济体 $s$ 部门 $j$ 生产一单位产出所需的高技能工人。经济体 $s$ 出口中包含的高技能工人含量为满足除经济体 $s$ 以外的其他经济体的最终需求所需要的高技能工人，经济体 $s$ 出口中包含的高技能工人含量可以写为 $\sum_k \sum_{t \neq s} \hat{\mathbf{l}}^s \mathbf{B}^{sk} \mathbf{f}^{kt}$。八个指标分别测算如下。

labpr：劳动生产率增长率，劳动生产率为增加值与劳动力的比值，即单位劳动力产生的增加值。劳动力不仅包括全职工人，还包括个体户和非正式合同工。八个指标都是增长率形式，在测算出各个经济体各个部门劳动生产率之后，还需测算其增长率 $\text{labpr} = (p_t - p_{t-1})/p_{t-1}$，其中，$p_t$ 和 $p_{t-1}$ 分别表示 $t$ 和 $t-1$ 时期的劳动生产率。以下指标类似。

capcom：资本报酬增长率，资本是三大基本生产要素（自然资源、劳动力和资本）之一，包括有形资本和无形资本，资本报酬体现了资本使用的回报情况。

capint：资本密集度增长率，资本密集度为资本存量与劳动力的比值。资本存量为某个核算期内所有的可用于生产的固定资本总和。对于大多数经济体而言，资本存量都是通过永续盘存制（perpetual inventory system）获得，即当年的资本存量为上年的资本存量加上当年的实际投资。

vax：出口增加值增长率。

vaxs：出口增加值市场份额增长率，其中经济体 $s$ 的出口增加值占全球出口增加值的比例为 $\mathbf{vax}^s / \sum_s \mathbf{vax}^s$，经济体 $s$ 部门 $i$ 出口增加值占全球部门 $i$ 出口增加值的比例为 $\mathbf{vax}_i^s / \sum_s \mathbf{vax}_i^s$。

vaxr：单位出口增加值增长率，单位出口增加值为某个经济体（部门）出口增加值与出口总值的比率，出口总值包括此国家该部门向其他国家出口的中间品和最终品总和。该比率衡量的是单位出口中包含的国内增加值含量（Johnson and Noguera, 2012）。

hsemp：就业中的高技能含量增长率。每个部门的劳动力分成低技能、中等技能和高技能三类，使用高技能劳动力的占比来反映就业中的高技能含量。

hse：出口中的高技能含量增长率，这个指标反映的是与出口生产活动有关的就业中的高技能含量，出口中的高技能含量即为满足国外最终需求所需要的直接的和间接的高技能劳动力。

上述八个指标中，我们只将其中基于出口总额计算的四个指标进行了调整，其余四个指标（劳动生产率增长率、资本报酬增长率、资本密集度增长率和就业中的技能含量增长率）则保留其传统定义。虽然直觉上可以把八个指标都统一在全球价值链的框架下进行测算，但是，我们并没有这样做，因为这样可能会造成一些偏差。具体地，如果测算劳动生产率时，将其定义为出口增加值与为满足外国最终需求所需要的劳动力的比值，那么考虑的是与国际生产链相关的部分，而忽略了较独立的国内生产部分。我们认为即便是与国际生产链不是很相关的部门，仍然可能对某个经济体的生产率有较大贡献。比如，中国是一个自然资源的进口大国，而非出口大国，它的自然资源采掘业与国外的最终需求联系较弱，但是采掘技术的发展依然可以帮助探测到潜在的矿产资源，提升生产率，促进升级。衡量框架最好不要忽略这类升级，因此，我们决定保留其中四个指标的传统定义。

实现上述指标的测算需要有时间序列的世界投入产出表，WIOD（2013版）（Dietzenbacher et al., 2013）包含了39个经济体和一个世界其他地区从1995年至2011年的35个部门世界投入产出表，基于这些表，便可以测算出经济体层面和部门层面的出口增加值、出口增加值市场份额及单位出口增加值。除了投入产出表之外，WIOD（2013版）还提供了社会账户，包括增加值、劳动力、资本报酬和资本存量等信息，利用这些信息便可以测算出劳动生产率增长率、资本报酬增长率及资本密集度增长率。具体测算时，使用增加值、资本报酬、资本存量的不变价数据。最后，利用各个部门的低技能、中等技能和高技能这三类劳动力的工作时间，可以测算出就业及出口中的高技能含量增长率。尽管WIOD（2016版）和OECD-TiVA数据库等其他数据库提供了更新年份的投入产出表，但是没有提供本章测算所需的区分技能等级的劳动力数据，因此，本章和第5章的实证研究中使用WIOD（2013版）中的数据。

虽然WIOD（2013版）包含了1995年至2011年的投入产出表，但是却没有提供2010年和2011年三类不同技能水平的劳动力工作时间数据，且使用的八个指标都是增长率，因此，只能计算1996年至2009年这一时间段的八个指标数值。此外，第35部门没有工作时间数据，且包含很多空值，因此，将其剔除，下文的因子分析只涵盖34个部门。

## 4.3 隐性变量与因子分析

### 4.3.1 探索性因子分析

4.2节提出了产业升级的八个衡量指标，这八个指标并不完全相关（表4.2），因此，每个指标包含了产业升级某些方面的信息，很有可能产业升级本身便是一个多维概念，无法用单一指标来全面刻画。表 4.2 还显示这些指标之间存在一定的弱相关性，因此，很可能存在较少的指标可以捕捉这八个指标包含的足够多的信息，为此，采用因子分析来检验产业升级的多面性，并对这八个指标进行降维。

表 4.2　产业升级八个指标之间的相关系数矩阵

| 指标 | labpr | capcom | capint | vax | vaxs | vaxr | hsemp | hse |
|---|---|---|---|---|---|---|---|---|
| 基于经济体层面 ||||||||||
| labpr | 1.00 | | | | | | | |
| capcom | 0.43 | 1.00 | | | | | | |
| capint | 0.56 | 0.16 | 1.00 | | | | | |
| vax | 0.34 | 0.25 | 0.14 | 1.00 | | | | |
| vaxs | 0.34 | 0.29 | 0.15 | 0.75 | 1.00 | | | |
| vaxr | 0.11 | 0.08 | −0.07 | 0.11 | 0.23 | 1.00 | | |
| hsemp | 0.16 | 0.12 | 0.12 | 0.14 | 0.17 | −0.07 | 1.00 | |
| hse | 0.15 | 0.06 | −0.09 | 0.21 | 0.18 | −0.31 | 0.55 | 1.00 |
| 基于经济体-产业层面 ||||||||||
| labpr | 1.00 | | | | | | | |
| capcom | 0.34 | 1.00 | | | | | | |
| capint | 0.45 | 0.12 | 1.00 | | | | | |
| vax | 0.25 | 0.36 | 0.05 | 1.00 | | | | |
| vaxs | 0.23 | 0.35 | 0.04 | 0.72 | 1.00 | | | |
| vaxr | 0.09 | 0.14 | −0.01 | 0.15 | 0.19 | 1.00 | | |
| hsemp | 0.12 | 0.01 | 0.14 | 0.12 | 0.02 | −0.01 | 1.00 | |
| hse | 0.19 | 0.05 | −0.18 | 0.44 | 0.42 | −0.06 | 0.59 | 1.00 |

注：表中 labpr、capcom、capint、vax、vaxs、vaxr、hsemp 和 hse 分别表示劳动生产率增长率、资本报酬增长率、资本密集度增长率、出口增加值增长率、出口增加值市场份额增长率、单位出口增加值增长率、就业中的高技能含量增长率及出口中的高技能含量增长率；表中结果是基于 1996~2009 年的数据估计得到的

因子分析最早由心理测量学领域提出用来衡量人类智商。Spearman（1904）观察到孩子在似乎不相关的不同学科测试上的表现却存在明显的正相关，并提出这种正相关是由一个潜在的隐性因子决定的，即智商。与智商的衡量思路类似，本章利用八个指标来衡量隐性变量产业升级的不同维度，但是，正如后来智商的衡量方式（Carroll，1993），我们考虑产业升级是个多维概念，无法由一个综合指标较好地衡量。下文的因子分析结果也表明，产业升级存在三个维度。

因子分析是一种隐性变量方法，其实质是用少量几个潜在的但不能观察的随机变量去描述许多变量之间的相关关系（或者协方差关系），这些不能观察的随机变量（或称隐性变量）被称为因子。我们采用探索性因子分析模型，这一模型认

为可观察的变量由隐性变量的线性组合及误差项来解释，可以表示为

$$x = \beta\xi + \varepsilon \tag{4.1}$$

其中，$x$ 表示包含 $m$ 个可观察变量（此处即产业升级的八个指标）的向量；$\xi$ 表示不可观察的（隐性）变量向量（也称为因子，是我们所需要衡量的）；$\beta$ 表示系数矩阵，称为因子载荷矩阵（$m \times k$），$k$ 是公共因子的个数（$k \leq m$），下文我们将介绍如何决定公共因子的个数，因子载荷系数是可观察变量与隐性因子之间的权重系数，载荷系数越大，说明某个可观察变量包含相对应的隐性因子的信息越多；$\varepsilon$ 表示误差项，方差称为剩余方差，是可观察变量不能被隐性因子解释的部分。$\xi$ 的值为 $\hat{\xi}$，即因子得分，下文实证称其为产业升级得分。

因子分析的首要步骤是确定因子载荷，我们采用极大似然法估计因子载荷矩阵。因子分析中关键的是确定因子个数，理论上，可以获得与可观察指标相同数目的因子。但是，实际上，我们希望用尽量少的隐性变量来捕捉可观察指标足够多的信息。通常，有三种方法帮助我们确定公共因子的数目。第一种是 Kaiser（凯撒）准则，Kaiser 准则也称特征值大于 1 方法，是最常用的一种方法，只需要计算协方差矩阵的特征值，特征值超过平均值的个数作为因子个数。特别地，对于相关矩阵，特征值的均值为 1，所以通常取特征值大于 1 的数作为因子个数。第二种基于特征值的方法是碎石图，碎石图横轴为因子数目，纵轴为特征值大小，一般选取出现明显弯折的点所对应的因子数据作为公共因子的数目。第三种是利用似然比检验（likelihood ratio test）。碎石图时常被质疑存在一定的主观性，而似然比检验对模型过度拟合比较敏感，因此，常常还会借助于信息准则来选取因子个数，如 AIC（Akaike information criterion，赤池信息准则）和 Schwarz 准则（Schwarz criterion，施瓦茨准则）。

在确定公共因子的数目之后，因子分析模型得出的初步结果中可能会有一些变量负载在多个公共因子上，这会使得公共因子较难解释，不便于理解其实际意义。事实上，公共因子是否容易解释，很大程度上取决于因子载荷矩阵的元素结构，而因子载荷矩阵并不是唯一的，我们利用这一点对载荷矩阵进行因子轴旋转。因子轴旋转可以使载荷矩阵的元素取值尽可能地向两极分化，部分元素取尽可能大的值，部分元素尽量接近零值，这样公共因子的含义就容易解释了。

在获得合适的载荷矩阵之后，我们便可以得到相应的因子得分，这些因子得分是基于可观测变量所组成的线性组合所得的预测值，可以用于进一步分析产业升级的程度，因此下文将产业升级的因子得分称为升级得分。

## 4.3.2 因子分析的实现结果

本节利用探索性因子分析来检验产业升级的多维性并获得升级得分。我们提

供两类样本的估计结果，第一个样本是经济体层面的分析，包含 39 个经济体，第二个是经济体-产业层面的分析，包含 1326（即 39 个经济体×34 个产业部门）个产业。这两类样本的八个指标之间的相关系数矩阵如表 4.2 所示，可以看出，这八个指标之间具有一定的相关性，因为它们要衡量的是产业升级这一个相同的主体。然而，也可以发现这些指标之间的相关性并不是很高，由此说明这些指标只是衡量了产业升级的某些方面，单个指标无法全面地衡量产业升级。

为了确定合适的公共因子数目，我们采用了多种方法。首先，观察碎石图。经济体层面样本的碎石图中第三个和第四个因子处都出现了弯折，不是很容易确定因子数。经济体-产业层面样本的碎石图较明显地显示了第三个因子处的弯折。此外，根据 Kaiser 准则，两类样本都是三个因子的特征根大于 1。其次，我们进行了似然比检验，检验结果在 95%的水平上拒绝了三因子模型差于最优模型这一零假设，却没有拒绝四因子模型的这一零假设，由此表明，三因子模型更适合。最后，还考虑了 AIC、Schwarz 准则，这些准则的数值都表明三因子模型更为合适，因此，我们最终确定了三个公共因子。

在确定好公共因子数目之后，可以估计得到因子载荷矩阵，如前文解释的，旋转前的载荷矩阵解释性不强，因此我们展示旋转处理后的载荷矩阵，如表 4.3 所示。不管是经济体层面的样本还是经济体-产业层面的样本，旋转后的载荷矩阵都显示一个指标主要负载在一个因子上，在其他因子上的载荷很小。比如，劳动生产率增长率（labpr）主要负载在第二个因子（0.86）上，在第一个因子（0.24）和第三个因子（0.03）上的负载很小。因子分析中，在某个因子上负载大的可观测指标可以往往被用来解释该因子，因此劳动生产率增长率（labpr）可以用来解释第二个因子。

表 4.3 旋转后的因子载荷矩阵和剩余方差

| 指标 | 基于经济体层面 ||||  基于经济体-产业层面 ||||
|---|---|---|---|---|---|---|---|---|
| | F1 | F2 | F3 | 剩余方差 | F1 | F2 | F3 | 剩余方差 |
| labpr | 0.24 | 0.86 | 0.03 | 0.21 | 0.28 | 0.82 | 0.06 | 0.23 |
| capcom | 0.26 | 0.56 | 0.13 | 0.62 | 0.26 | 0.59 | −0.13 | 0.55 |
| capint | 0.01 | 0.81 | −0.08 | 0.34 | 0.16 | 0.84 | 0.01 | 0.26 |
| vax | 0.89 | 0.12 | 0.13 | 0.13 | 0.89 | 0.02 | 0.12 | 0.17 |
| vaxs | 0.92 | 0.13 | 0.03 | 0.13 | 0.90 | 0.01 | 0.10 | 0.16 |
| vaxr | 0.32 | −0.11 | −0.31 | 0.78 | 0.39 | 0.05 | −0.20 | 0.75 |
| hsemp | 0.06 | 0.16 | 0.75 | 0.40 | 0.05 | 0.12 | 0.92 | 0.13 |
| hse | 0.19 | −0.14 | 0.87 | 0.18 | 0.23 | −0.26 | 0.78 | 0.28 |

注：表中因子载荷矩阵是利用最大似然法估计而得，旋转方法为斜交（oblimin）旋转方法；F1、F2 和 F3 为三个公共因子，分别表示产品升级、生产工序升级和技能含量升级；带灰色底纹的数字为绝对值大于 0.3 的因子载荷

上文提到产业升级的八个指标与 Kaplinsky 和 Readman（2001）、Humphrey 和 Schmitz（2002）提出的四类产业升级概念息息相关，因此，可以据此对因子分析所得出的三个因子进行命名。如表 4.3 所示，第一个因子主要在出口增加值增长率、出口增加值市场份额增长率、单位出口增加值增长率这三个指标上有较大载荷，而这三个指标都与从全球价值链上获得更多价值有关，获得更多价值是生产并出口更好产品的结果，因此，可以将这个因子命名为产品升级。第二个因子主要在劳动生产率增长率、资本报酬增长率、资本密集度增长率这三个指标上有较大载荷，这些指标主要有关劳动、资本的生产率及其带来的报酬，可以认为这是生产工序升级的体现。第三个因子主要在就业中的高技能含量增长率及出口中的高技能含量增长率这两个指标上有较大载荷，因此，将其命名为技能含量升级。

本书将第三个因子命名为技能含量升级（这一称谓也较常用）（Taglioni and Winkler，2016），而没有选择使用功能升级，主要是因为技能含量升级虽然提供了功能升级的信息，但是它更多地只是指就业人员的技能含量，而功能升级涵盖范围更广。正如 Timmer 等（2019）最近指出的，如果各个经济体-产业层面分职业的数据可获得，可以利用职业数据来区分就业人员所负责的功能（生产制造、研发设计、市场营销、管理等），进而来衡量功能升级。

本章提出的产业升级多维度中没有沿用 Kaplinsky 和 Readman（2001）、Humphrey 和 Schmitz（2002）提出的产业间升级概念，这是因为我们提出的产品升级和技能含量升级都已经考虑了产业间关联，本章提出的技能含量升级维度包含的出口中的高技能含量增长率这一指标是在全球价值链的框架下测算的，其测算过程已经包含了产业关联。产品升级维度主要是基于出口增加值的三个指标构建的，而出口增加值的测算也已经包含了国内及国际的产业关联。

除了因子载荷矩阵，表 4.3 还展示了估计之后各个指标的剩余方差，每个指标的方差包括公共方差和剩余方差两部分，公共方差的信息被因子所包含，而剩余方差的信息则尚未被因子所涵盖，保留在误差项中。这也就是说，剩余方差小的指标的信息更多地被各个因子所包含，剩余方差大的指标被因子所包含的信息更少。

在估计和解释因子模型之后，可以得到各个因子的因子得分，因子得分反映了三类产业升级的程度，4.4 节将对三类产业升级的情况进行更为详尽的描述。表 4.4 展示了三个公共因子的得分之间的相关系数，可以看出，三个公共因子之间的相关性比较小，相互独立性较大，表明这三个因子确实可以用来反映产业升级的不同维度。

表 4.4　三个维度产业升级的相关系数矩阵

| 因子 | 基于经济体层面 | | | 基于经济体–产业层面 | | |
| --- | --- | --- | --- | --- | --- | --- |
|  | F1 | F2 | F3 | F1 | F2 | F3 |
| F1 | 1.00 |  |  | 1.00 |  |  |
| F2 | 0.21 | 1.00 |  | 0.36 | 1.00 |  |
| F3 | 0.15 | 0.09 | 1.00 | 0.22 | 0.12 | 1.00 |

注：F1、F2 和 F3 分别表示产品升级、生产工序升级和技能含量升级

## 4.4　产业升级测度结果分析

由于不同经济体不同部门在生产结构、生产水平等方面存在异质性，产业升级的水平也将因经济体、产业的不同而有所不同。比如，中国交通运输设备的升级程度与中国化学工业不同，与德国交通运输设备也会有所不同。因此，接下来将首先分析经济体层面的升级情况，然后分析产业层面的升级情况。

### 4.4.1　经济体层面的升级

图 4.1 显示了 1996~2009 年 39 个经济体产业升级的情况，经济体的排名是按照产品升级、生产工序升级和技能含量升级这三类升级得分的平均分高低来排的，平均分越高的经济体排名越靠前。我们有以下发现：第一，三类产业升级在相同年份不同经济体之间表现不同，有的差异很大，同一经济体不同年份的表现也存在差异；第二，大多数经济体在产品升级这一维度比在生产工序升级和技能含量升级这两个维度表现更好；第三，三类升级的因子得分在 2009 年都骤降，这说明全球金融危机对各个经济体产业升级的表现有着巨大冲击。

若将因子得分大于 0 的情况称为经历了产业升级，则可以看到，研究期内，大多数经济体经历了产业升级。大部分年份，产业升级的经济体要明显多于未升级的经济体，金融危机爆发之后，情况则相反。2002 年以来，大多数经济体在产品升级这一维度上表现得越来越好,中国是全球经济繁荣发展的典型受益者之一。2002~2007 年，中国在产品升级这一维度的因子得分都在 20%左右或以上，这表明中国在此期间产品升级的表现优越，这一结果与一些其他研究结果一致。比如，Kee 和 Tang（2016）也表明中国制造业在此期间实现了较好的升级。中国实现这一稳健升级的可能原因之一是加入WTO给中国融入全球价值链带来了重要机遇。

从三个维度因子得分的平均值来看，1996~2009 年，土耳其、中国和印度这样的新兴经济体比美国及日本这样的发达经济体的升级程度更高，这一结果符合发展收敛理论，即发展中经济体比发达经济体更有潜力，升级更快。图 4.1 显示

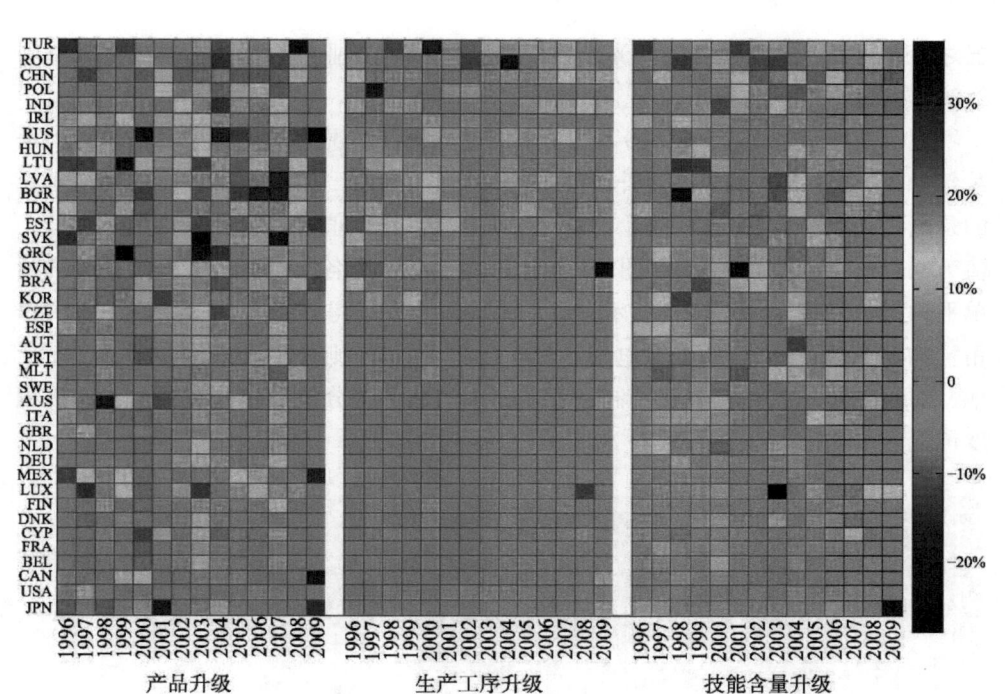

图 4.1 1996~2009 年 39 个经济体的产业升级得分（见彩图）

从上至下，各经济体名称依次为土耳其（TUR）、罗马尼亚（ROU）、中国（CHN）、波兰（POL）、印度（IND）、爱尔兰（IRL）、俄罗斯（RUS）、匈牙利（HUN）、立陶宛（LTU）、拉脱维亚（LVA）、保加利亚（BGR）、印度尼西亚（IDN）、爱沙尼亚（EST）、斯洛伐克（SVK）、希腊（GRC）、斯洛文尼亚（SVN）、巴西（BRA）、韩国（KOR）、捷克（CZE）、西班牙（ESP）、奥地利（AUT）、葡萄牙（PRT）、马耳他（MLT）、瑞典（SWE）、澳大利亚（AUS）、意大利（ITA）、英国（GBR）、荷兰（NLD）、德国（DEU）、墨西哥（MEX）、卢森堡（LUX）、芬兰（FIN）、丹麦（DNK）、塞浦路斯（CYP）、法国（FRA）、比利时（BEL）、加拿大（CAN）、美国（USA）、日本（JPN）

土耳其、罗马尼亚、中国、波兰和印度为综合升级程度最高的五个经济体，但是，值得注意的是，在产品升级维度排名靠前的经济体不一定在另两个维度上也排名靠前。在产品升级这一维度排名最前的五个经济体分别为中国、波兰、罗马尼亚、立陶宛和俄罗斯，但是，在生产工序升级这一维度排名最前的五个经济体分别为土耳其、罗马尼亚、爱沙尼亚、俄罗斯和中国。这一结果再次表明虽然这三个维度的升级有一定相关性，但它们反映的是产业升级的不同方面，这进一步说明了产业升级的多维性。

### 4.4.2 产业层面的升级

如前文所述，不同国家不同产业的产业升级情况有所不同，即便是相同产业，由于不同经济体的生产结构、发展水平不同，其产业升级的情况也将不同。因此，本节将首先讨论产业层面的升级程度，在分析了所有产业（34 个产业）的总体情况之后，我们还选取了电气和光学设备（c14）这一产业进行重点分析，比较不同经济体的这一产业的升级情况。

图 4.2 展示了 1996~2009 年 34 个产业的升级情况，图中每个网格表示的是某年份 39 个经济体某个产业升级得分的平均值。比如，第一列第三行的网格对应的是电气和光学设备(c14)产业 1996 年 39 个经济体价值链升级的平均因子得分，值为 9.53%。与图 4.1 类似，图 4.2 中的排序也是按照各个产业三类升级得分的简单平均值进行排序。如图 4.2 所示，邮政业(c27)的因子得分最高,平均值为 6.50%；租赁和商务服务业（c30）及电气和光学设备（c14）则分别排第二和第三；相反地，纺织业（c4）和鞋、皮革制品业（c5）的因子得分最低，排在最后，升级程度最低。

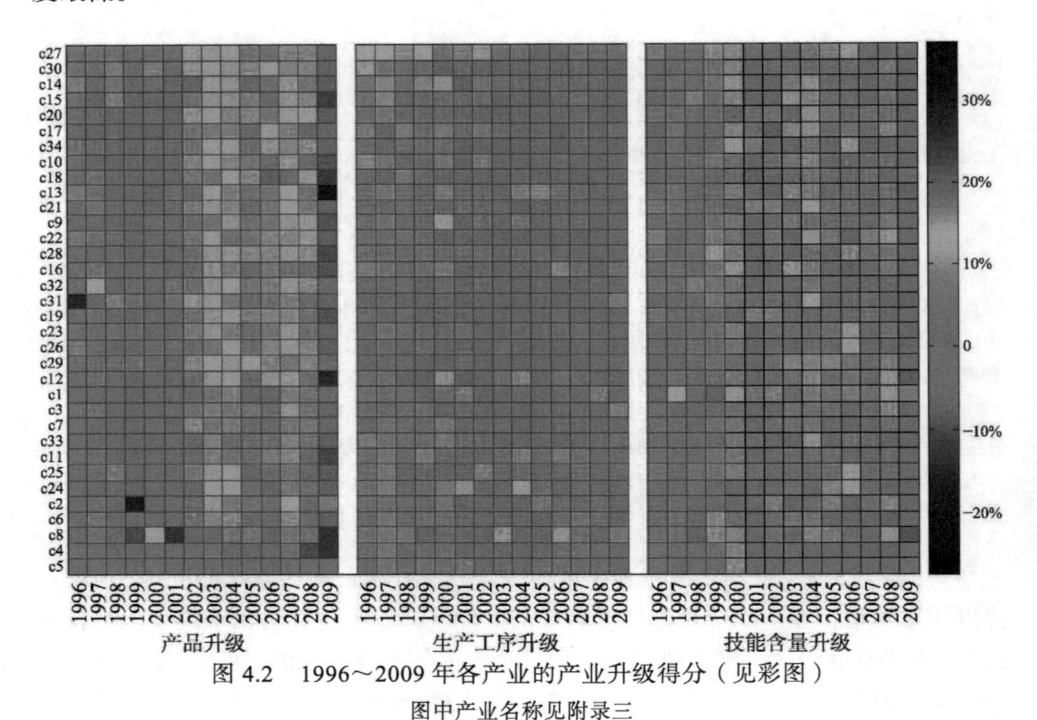

图 4.2　1996~2009 年各产业的产业升级得分（见彩图）
图中产业名称见附录三

更具体地，还有以下结论。

（1）与经济体层面的结果类似，各个产业产品升级维度的排名与生产工序升级和技能含量升级这两个维度的排名有所不同。

（2）三个维度的产业升级，尤其是产品升级这一维度，服务产业的升级程度要比其他行业更高。

（3）第二产业中，电气和光学设备（c14）和交通运输设备制造业（c15）等技术密集型产业的升级程度更高，不管是从产品升级维度还是其他维度的因子得分进行排序，技术密集型产业的排名都比较靠前。

（4）资源密集型产业和劳动密集型产业的产品升级得分较低，这些产业包括采矿业（c2）、木材及木制品（c6）、焦炭、精炼石油及核燃料（c8）、纺织业（c4）、鞋、皮革制品业（c5）等。

（5）全球金融危机的爆发使得全球的中间品和最终品贸易在2009年都急剧下降，对各个产业的升级得分产生重大的负向影响，特别是产品升级这一维度的因子得分在2009年下降最明显。

如上所述，电气和光学设备（c14）产业是升级得分最高的制造业，下面选取这一典型的全球化分工的产业来比较39个经济体这一产业的升级程度。利用1996~2009年这14年升级得分的平均值对39个经济体进行排序，可以得到以下结论。

（1）39个经济体这14年间的平均升级得分都大于0，这说明这些经济体的电气和光学设备（c14）产业在此期间都经历了一定的产业升级，但是，升级的程度差异较大，罗马尼亚和中国的平均得分最高，排名最前。

（2）从三个升级维度分别对这39个经济体进行排序，可以发现，中国和罗马尼亚在生产工序升级维度的排名并不靠前，而韩国、芬兰、日本和美国等经济体在这一维度排名靠前。

（3）电气和光学设备（c14）产业的升级得分区间比经济体层面的升级得分区间要大得多，这说明个别产业的升级程度比经济体总体产业波动更大。

值得说明的是，虽然结果显示发展中经济体，特别是中国的技术密集型产业的升级程度强于发达经济体技术密集型产业的升级程度，但这并不意味着发展中经济体的技术密集型产品所在的位置已经高于发达经济体，本书产业升级的衡量方法反映的是一段时间内的产业发展速度，发展速度快不代表已经赶超。虽然中国产业升级的得分高于美国、日本和欧盟等经济体，但是，中国的劳动生产率、就业中包含的高技能含量及单位出口增加值等指标的绝对值与这些发达经济体还存在一定差距。

## 4.4.3 经济体层面结果的稳健性检验

4.4.1节中各经济体的升级得分是基于经济体内所有的产业测算的，既包括非资源密集型产业，也包括资源密集型产业，如此的话，有人或许会觉得在一个经济体的整体层面，出口增加值增长并不一定意味着成功的产业升级，因为一个经济体出口增加值增长可能是由这个经济体资源密集型产业（这类产业出口中往往具有较高的国内增加值含量）的出口增长带来的。比如，当一个资源禀赋丰富的经济体的采掘技术有了突破发展时，将会推动矿产等自然资源的出口，在指标上体现为升级。但是，这类升级对于本身资源禀赋很不足的经济体而言，参考意义很小。产业升级的相关研究更应该关注可以通过政策改善的领域，而不是单纯的技术升级（技术往往被认为是外生的）。产业升级更关注产品复杂度较高、使用了先进技术和高级人力资源的行业。因此，我们将39个经济体中的资源密集型产业剔除，然后汇总其他产业的数据，进而对39个经济体的升级得分进行稳健性检验。剔除的资源密集型产业包括农林牧渔业（c1）、采矿业（c2）、木材及木制品（c6）、焦炭、精炼石油及核燃料（c8）、其他非金属矿物（c11）和金属及加工业（c12）。

在剔除资源密集型产业之后，重新计算了经济体层面的各个指标，重新进行因子分析，得到各个经济体新的因子得分。剔除前后，除了少数几个经济体，大多数经济体的平均得分和排名变动不大，这表明了结果的稳健性和一致性。同时，在剔除了六个资源密集型产业之后，除了巴西、澳大利亚、墨西哥和加拿大，几乎所有经济体的因子得分都略微有所上涨，这主要是因为资源密集型产业的升级程度都比较低，在所有产业中排名很靠后（如4.4.2节的结果分析），因此，在剔除掉升级程度低的资源密集型产业之后，剩余产业的平均因子得分都会略微上涨。

进一步探究巴西、澳大利亚、墨西哥和加拿大的因子得分下降的原因，我们发现六个资源密集型产业出口在总出口中的占比是一个重要因素。如果这六个资源密集型产业的出口增加值占总出口增加值的比例较小且呈下降趋势，那么在剔除之后，该经济体的排名会上升；反之，若该比例较大且呈上升趋势，那么剔除之后，该经济体的排名会下降。比如，剔除资源密集型产业前后，卢森堡的排名由第32名上升至第17名，而澳大利亚的排名则由第25名下降至第29名。进一步考察基础数据可以发现，卢森堡的资源密集型产业出口增加值占总出口增加值的比例很低，且从1995年的11.7%下降至2009年的4.9%，而澳大利亚的此比例很高，从1995年的38.3%上升至2009年的49.3%。这也说明产业出口结构的动态变化关系着某个经济体在全球价值链上产业升级的程度。

## 4.5　主要结论与启示

本章旨在衡量不同经济体不同产业的升级程度，我们指出，在生产全球化分割的背景下，一些传统指标（如出口额的增长率、出口市场份额的增长率）会对产业的升级情况造成误导性的衡量。因此，本章对这些传统指标进行了调整，以反映全球价值链分工特点。利用八个指标和探索性因子分析方法，本章检验了产业升级的多维性，并最终提出了升级的三个量化维度——生产工序升级、产品升级和技能含量升级，利用这三个维度，比较分析了不同经济体不同产业的升级程度。

## 第 4 章　全球价值链分工下产业升级的测度与分析

研究发现，生产工序升级、产品升级和技能含量升级这三个维度的升级有一定的弱相关性，但它们着实反映了不同维度的产业升级。重要的是，可以得到经济体层面及产业层面这三个维度的升级得分。1995~2008年，大多数经济体的升级得分都为正，但是受到金融危机的影响，几乎所有经济体2009年的升级得分都为负。研究结果符合发展的收敛理论，因为土耳其、中国和印度等发展中经济体产业升级的程度要明显高于美国及日本等发达经济体。

产业层面，服务产业及电子设备、交通运输设备制造业等技术密集型产业的升级程度要明显高于资源密集型产业和劳动力密集型产业。发展中经济体，特别是中国的技术密集型产业的升级程度强于发达经济体技术密集型产业的升级程度，当然，这并不意味着发展中经济体技术密集型产业在全球价值链上所处位置已经高于发达经济体，本章产业升级的衡量方法反映的是一段时间内产业发展的速度，发展速度快不代表已经超越。

本章强调产业升级的衡量需要考虑到其内涵的多维性，需要系统性地进行衡量，因此，我们从全球价值链视角提出了产业升级的三个衡量维度。这三个维度的衡量结果为我们提供了一些政策启示。比如，研究结果观察到中国的电子设备的产品升级在研究期内，特别是中国加入WTO之后表现得特别突出。这意味着，通过融入全球价值链，中国不仅出口了更多的电子设备，而且逐渐从出口更好、复杂度更高的电子设备中获得更多的增加值。一个典型的例子便是中国的手机产业，从生产低端机逐渐攀爬至高端机（如华为、小米、OPPO和vivo等）。然而，我们也观察到中国的电子设备在生产工序升级（生产率升级）这一维度表现得则比较逊色，这很有可能是因为中国融入电子设备全球价值链的方式主要是凭借低廉的劳动力成本大规模参与简单、低附加值的生产工序，这类生产工序是高度劳动密集型的，资本报酬和资本密集度较低，因此，当纳入这两个指标之后，中国电子设备的生产工序升级情况便逊色不少。随着中国劳动力成本的上升，这类简单加工生产工序对中国的吸引力已逐步降低，相反地，中国的政策更多地希望提升生产率及技术密集型生产工序的竞争力。

本章研究结果为产业升级的后续量化研究提供了较好的量化指标基础，一个可能的研究方向便是实证分析融入全球价值链对产业升级的影响。关于融入全球价值链对其参与者（发达经济体与发展中经济体）的产业升级的影响，目前已有不少争议。一类观点认为全球价值链的兴起使得发达经济体可以将低附加值的生产工序外包给发展中经济体，从而专注于高附加值生产工序，这一过程有利于发达经济体的产业升级；另一类观点则担心这个过程会同时引起技术转移，使得发达经济体部分竞争优势转移给发展中经济体。验证这些论点需要更多证据，而实证过程需要产业升级的衡量指标，本章提出的系统性的衡量指标为这类产业升级的量化研究提供了较好的指标基础，第5章将对此进行详细阐述。

# 第 5 章 全球价值链参与度与产业升级关系的实证检验

CHAPTER 5

全球价值链分工已然成为全球经济系统的典型特征,然而,关于融入全球价值链对产业升级发展的影响,却有着不同的观点。一类观点认为全球价值链开辟了产业升级的新途径,尤其有利于发展中经济体的产业发展,对发达经济体则造成技术外移、竞争优势削弱等负面影响;另一类观点则认为全球价值链分工主要有利于发达经济更专注于中高端生产环节,对发展中经济体则可能造成低端锁定的问题。因此,本章对全球价值链参与度与产业升级的关系开展实证检验,研究前向与后向两类不同的全球价值链参与方式对产业升级的三个不同维度(生产工序升级、产品升级和技能含量升级)的影响。研究发现,前向与后向参与度对发达经济体与发展中经济体的影响不同,发展中经济体更依赖于后向参与带来的知识溢出效应实现升级,而前向参与则对发达经济体的产业发展具有更高水平的升级效应。

## 5.1 全球价值链对产业升级的影响概述

全球价值链分工下,产品的不同生产工序可以分割在不同的经济体完成,国际贸易的本质也由产品贸易转变为产品贸易与任务贸易(trade in tasks)共存。任务贸易这一概念较早由 Grossman 和 Rossi-Hansberg(2008)提出,描述的贸易模式为某一个经济体负责某件产品生产过程中的某项任务(生产工序),然后将半成品出口给其他经济体,由下一个经济体来完成其他的生产任务,最后将最终品出口到国际市场供不同经济体消费者消费。这些生产任务所组成的价值链条即为全球价值链,参与这些生产任务分工的经济体称为全球价值链参与者。随着全球价值链分工的深化,更多的经济体参与到全球价值链中,很多经济体参与全球价值链的程度也有所加深。

然而,在经济全球化进程中,关于参与全球价值链对不同经济体造成的影响的讨论和研究逐渐增多，这些研究主要探讨参与全球价值链对发达经济体和发展中经济体这两类参与者产业发展的影响。

第一类观点认为发达经济体是全球价值链分工的主要受益者，而发展中经济体的机会则有限。这一类观点既强调参与全球价值链给发达经济体带来的静态积极效应，也强调动态积极效应。静态效应包括能够进口更廉价的中间投入品，动态效应包括将生产要素优化配置到更高附加值的复杂生产环节。这一类观点认为全球价值链分工的兴起使得发达国家可以将低附加值、低效率的生产任务外包给工资水平低的国家，并专注于高附加值、高效率的生产任务，这一专门化分工使得发达经济体可以降低生产成本，优化资源配置，从而促进产业升级（Bhagwati et al., 2002; Mankiw and Swagel, 2006; Baldwin and Robert-Nicoud, 2014）。

全球价值链分工下，产品贸易和任务贸易并存，发达经济体和发展中经济体在一件产品或者一项任务上竞争。由于发达经济体发展程度较高，技术水平较高，所需的单位产出劳动力较少，而工资水平又较高，因此，通过参与全球价值链，发达经济体可以将简单的产品或者生产任务外包给发展中经济体，从而将自己的技术优势和发展中经济体的劳动力优势结合起来，进而减少产品的生产成本。在将简单任务外包出去，节省生产成本的同时，发达经济体还可以进一步把更多生产要素优化配置在更高技术含量并产生更高附加值的生产任务上。不管是降低生产成本，还是优化要素配置，这些都给发达经济体的产业发展带来了积极的影响，有利于其产业升级。对于发展中经济体而言，它们则主要承包来自发达经济体的简单生产任务，这些生产任务很可能会将发展中经济体劳动力长期限制在低技能工作中，挤压劳动力的受教育时间和发展空间，使得发展中经济体容易被锁定在低端生产环节，产业升级的机会有限（吕越和邓利静，2020）。

第二类观点认为发展中经济体可以通过参与全球价值链实现产业升级而发达经济体则会受损。发展中经济体可以通过承接发达经济体外包的生产任务参与到全球生产链中，而不需要掌握这类产品的所有生产环节和生产技术。在承接这些低附加值的生产环节过程中，发展中经济体获得了"干中学"的机会，进而其生产环节可以逐步向更复杂、更高附加值的生产环节攀升，从而实现产业升级（Lin, 2011; Lin and Wang, 2012; Taglioni and Winkler, 2016）。这一派观点认为发达经济体在参与全球价值链的进程中通过外包会使得增加值、就业流失（Autor et al., 2013），让本应属于发达经济体的利润转移给发展中经济体。进一步地，发达经济体的技术优势会因为外包而转移，使得发达经济体与发展中经济体向技术均衡状态收敛。比如，Rodriguez-Clare（2010）提出了一个新的理论模型来研究任务贸易对发达经济体和发展中经济体的影响。此模型中，一件最终产品由一系列任务构成，初始状态时，发达经济体在每项任务上都具有技术优势，单位产出劳动力需求量都低于发展中经济体。全球价值链的兴起使得发展中经济体有机会参与到产品的某项任务生产，发展中经济体通过"干中学"逐步提升生产率，降低单位产出所需的劳动力，使得发达经济体在更多生产任务上的相对优势逐渐衰弱，进而将更多任务外包给发展中经济体。这一过程会一直持续至两方的工资水平和技术水平到达一个相对的稳态，在这过程中，发展中经济体可以通过"干中学"实现产业升级，但是发达经济体的贸易条件会恶化，贸易福利也会下降，而且这些负面影响很可能无法由任务专门化所带来的积极影响所弥补，因此，发达经济体受到的综合影响很可能为负。这一类观点使得美国等发达国家对全球化产生了质疑，引起了逆全球化思潮和贸易保护主义的抬头。

综观现有文献可知，关于全球价值链分工对其参与者产业发展的影响，不同的理论模型基于不同的理论设定得出来的结论不一致，但这些理论模型提供了重要的影响渠道，主要影响机制包括"干中学"、技术溢出、专门化分工和要素配置等。全球价值链对发达经济体与发展中经济体的产业发展都具有正面和负面的影响，综合效应如何？对于发达经济体而言，这或许取决于由专门化分工和资源优化配置带来的积极效应能否抵消技术外溢等带来的负面影响。对于发展中经济体而言，则似乎更多地取决于它们"干中学"的能力及技术外溢的正外部性。全球价值链参与度与产业升级的关系到底如何？回答这个问题，需要更多实证依据。本章将利用基于全球多区域投入产出表的全球价值链参与度指标，以及第 4 章提出的产业升级的三个可量化维度进行实证研究。

## 5.2　全球价值链参与度测度与实证模型

本节首先介绍如何基于全球多区域投入产出表测度各经济体各行业的全球价值链参与度，然后介绍实证检验全球价值链参与度与产业升级关系的固定效应面板模型。

### 5.2.1　全球价值链参与度的衡量

全球价值链参与度衡量的是经济体、产业及企业融入全球分割化生产的程度。采用两类指标进行衡量，这两类指标分别基于产业后向（购买者视角）和前向（生产者视角）关联，反映了一个国家或产业融入全球价值链的两类不同方式。后向参与反映的是一个国家可以通过进口中间品来进行下一阶段的生产，而前向参与反映的是一个国家可以为其他国家下一阶段的生产提供中间投入品。因此，后向参与一般也被认为是购买者视角，而前向参与则被认为是生产者视角。

后向参与度较早由 Hummels 等（2001）提出，指的是一个国家出口中的进口

## 第5章 全球价值链参与度与产业升级关系的实证检验

含量,这一指标也被称为垂直专业化程度(记为 VS),测算的是一国出口中隐含的完全(直接和间接之和)外国增加值含量。较早的前向参与度指标也是由 Hummels 等(2001)提出并被记为 VS1,测算的是一国中间品出口中被进口国用于生产出口品的含量。Hummels 等(2001)基于单国投入产出模型给出了 VS 的测算公式,但是单国模型无法提供 VS1 的计算公式。Koopman 等(2014)利用世界投入产出模型弥补了这一空白,提供了 VS 和 VS1 的测算公式。更近期地,Wang 等(2022)指出 Koopman 等(2014)的公式是基于对总出口的分解,对有的部门存在较严重的重复计算和偏差,为解决此问题,他们提出了对部门增加值和最终品进行分解,并基于此提出了新的前向参与度和后向参与度测度方式。本章采取 Wang 等(2022)的思想,基于全球多区域投入产出模型分解部门增加值和最终品,进而给出前向参与度和后向参与度。

全球多区域投入产出模型的表式如表 2.1 所示,全球列昂惕夫模型可以写成矩阵形式

$$y = (I - A)^{-1} f = Bf \tag{5.1}$$

其中,$y$ 表示总产出向量;$A$ 表示中间投入系数矩阵;$f$ 表示最终需求向量;$I$ 表示单位矩阵(对角线元素为 1,其余元素为 0);$B$ 表示全球列昂惕夫逆矩阵,它的子块矩阵可以写成 $B = \begin{bmatrix} B^{11} & \cdots & B^{1r} & \cdots & B^{1n} \\ \vdots & & \vdots & & \vdots \\ B^{r1} & \cdots & B^{rr} & \cdots & B^{rn} \\ \vdots & & \vdots & & \vdots \\ B^{n1} & \cdots & B^{nr} & \cdots & B^{nn} \end{bmatrix}$。

进一步地,可以将中间投入矩阵和最终需求向量拆分成两部分并将 $y=Ay+f$ 写成

$$y = Ay + f = A^D y + f^D + A^F y + f^F \tag{5.2}$$

其中,$A^D = \begin{bmatrix} A^{11} & \cdots & 0 & \cdots & 0 \\ \vdots & & \vdots & & \vdots \\ 0 & \cdots & A^{rr} & \cdots & 0 \\ \vdots & & \vdots & & \vdots \\ 0 & \cdots & 0 & \cdots & A^{nn} \end{bmatrix}$ 和 $f^D = \begin{pmatrix} f^{11} \\ \vdots \\ f^{rr} \\ \vdots \\ f^{nn} \end{pmatrix}$ 分别表示 $nm \times nm$ 维国内中间投入矩阵和 $nm \times 1$ 维本国对本国最终产品的需求向量;$A^F = A - A^D$ 表示 $nm \times nm$ 维进口投入系数矩阵;$f^F = f - f^D$ 表示 $nm \times 1$ 维最终产品出口向量。式(5.2)可以改写为

$$y = (I - A^D)^{-1} f^D + (I - A^D)^{-1} (A^F y + f^F) = Lf^D + Lf^F + LA^F Bf \tag{5.3}$$

其中，$L = (I - A^D)^{-1}$ 表示 $nm \times nm$ 维国内列昂惕夫逆矩阵。

令 $s$ 国的直接增加值系数向量为 $(v^s)' = (w^s)'(\hat{y}^s)^{-1}$，可以将 $s$ 国的部门增加值分解为三个部分。

$$w^s = \hat{v}^s y^s = \hat{v}^s L^{ss} f^{ss} + \hat{v}^s L^{ss} \sum_{r \neq s}^n f^{sr} + \hat{v}^s L^{ss} \sum_{r \neq s}^n A^{sr} \sum_u^n B^{ru} \sum_g^n f^{ug} \quad (5.4)$$

式（5.4）给出了某个经济体部门增加值的最终流向，包含三项。第一项是隐含在国内最终需求品中的部门增加值，这一部分增加值并不涉及跨境活动。第二项是隐含在国外最终需求品中的部门增加值，这部分最终品在 $s$ 国完成生产，然后出口到 $r$ 国被直接消费，这一部分增加值跨境一次，但跨境只是为了最终消费，而非为了下一阶段的生产，这也就是传统的法国葡萄酒交换英格兰布之类的李嘉图式贸易。第三项是隐含在中间品出口中的部门增加值，这部分增加值涉及 $s$ 国以外的生产过程，体现了 $s$ 国部门增加值对国际生产的贡献。

根据增加值的最终吸收地，第三项又可以进一步分成两类，一类隐含在对 $r$ 国的中间品出口中，然后这些中间品被 $r$ 国用来生产国内最终品并被 $r$ 国本身最终消费，只涉及 $s$ 国和 $r$ 国的跨境中间品贸易。比如，中国出口钢材给美国，美国用这些钢材建设房子，这些钢材最终停留在美国，被美国消费。另一类隐含在对 $r$ 国的中间品出口中，但是这些中间品只是被 $r$ 国用来生产下一阶段的中间品，最后 $r$ 国进一步把这些中间品出口到其他国家进行下一阶段的生产。比如，日本生产并出口芯片给中国，中国将这些芯片安装在玩具中，然后将这些玩具出口到美国，这样，隐含在芯片上的增加值就由日本经中国到达了美国，被美国最终消费。这两类分别被称为简单全球价值链和复杂全球价值链。

式（5.4）展示了一个经济体的部门增加值如何作为最初投入被用于生产最终产品，并显示了这些增加值最后的去向，这是生产者视角。从这一视角，可以将前向全球价值链参与度（fgvc）定义为

$$\text{fgvc} = \hat{v}^s L^{ss} \sum_{r \neq s}^n A^{sr} \sum_u^n B^{ru} \sum_g^n f^{ug} / w^s \quad (5.5)$$

其中，分子为式（5.4）第二个等号右边第三项；分母表示部门增加值，其含义为部门增加值中隐含在中间品出口中的部门增加值比例。

类似地，可以将某个经济体某部门的最终产品（$f^s = \sum_u f^{su}$）分解为三部分。

$$(f^s)' = (v^s)' L^{ss} \hat{f}^{ss} + (v^s)' L^{ss} \sum_{r \neq s}^n \hat{f}^{sr} + \sum_r^n (v^r)' L^{rr} \sum_{u \neq r}^n A^{ur} B^{rs} \sum_g^n \hat{f}^{sg} \quad (5.6)$$

式（5.6）给出了某个经济体部门的最终产品都来自哪些经济体、哪些部门。第一项是由国内增加值生产的最终产品，且这些最终产品只用于国内消费。第二项也是只由国内增加值生产的，但是这些最终产品被出口给他国消费，即传统的

李嘉图式贸易。第一项和第二项分别与式（5.4）的第二个等号右边的第一、第二项在概念上相同，但是数值上这两项只在经济体加总层面才相等，在部门层面并不相等。第三项为 s 国利用其他国（r 国）的进口中间品而生产的最终产品，这部分生产涉及跨境的中间生产阶段。因此，类似地，把第三项的占比定义为后向全球价值链参与度（bgvc）。

$$bgvc = \sum_{r}^{n}(v^r)'L^{rr}\sum_{u\neq r}^{n}A^{ur}B^{rs}\sum_{g}^{n}\hat{f}^{sg}/(f^s)' \quad (5.7)$$

式（5.7）从使用者视角分解了某个经济体部门的最终产品从哪些经济体而来，包含了哪些经济体贡献的增加值。

### 5.2.2 固定效应面板数据模型

采用固定效应面板模型来实证全球价值链参与度与产业升级之间的关系。

$$x_{i,r,t} = \alpha + \beta_1 gvc_{i,r,t} + \alpha_{i,r} + \alpha_{i,t} + \alpha_{r,t} + \varepsilon_{i,r,t} \quad (5.8)$$

其中，$x_{i,r,t}$ 表示国家 r 产业 i 在时间 t 的升级程度，实证中，有三个维度的产业升级；$gvc_{i,r,t}$ 表示全球价值链参与度，分前向参与度和后向参与度；考虑到潜在的遗漏变量，引入三类固定效应——产业-国家（$\alpha_{i,r}$）、产业-时间（$\alpha_{i,t}$）及国家-时间（$\alpha_{r,t}$）固定效应；$\varepsilon_{i,r,t}$ 表示误差项。

进一步地，需要实证经济体的发展程度是否会给全球价值链参与度与产业升级两者之间的关系带来异质性的影响，为此，在模型（5.8）中添加一项交叉项。

$$x_{i,r,t} = \alpha + \beta_1 gvc_{i,r,t} + \beta_2 gvc_{i,r,t}d_r + \alpha_{i,r} + \alpha_{i,t} + \alpha_{r,t} + \varepsilon_{i,r,t} \quad (5.9)$$

设立虚拟变量 $d_r$ 来表示发展程度，若一个经济体为发达经济体，则 $d_r$ 为 1，反之，则为 0。由于样本的起始年份为 1995 年，因此利用世界银行 1995 年的人均国民总收入划分标准来区分发达经济体和发展中经济体。依据分类，将高收入经济体划分为发达经济体，将中低收入经济体划分为发展中经济体。

## 5.3 全球价值链参与度描述性分析

本节利用 WIOD（2013 版）测算 39 个经济体 1995~2011 年 35 个产业的全球价值链参与度。图 5.1（a）展示了 2007 年全球价值链前向参与度和后向参与度的 156 个（39 个经济体×4 个行业大类）观察点，图 5.1（b）显示了 1995~2011 年的 2652 个（156 个×17 年）观察点。从这些散点中可以发现的第一个重要观察结果是前向参与度和后向参与度之间具有较强的正相关性，这两者每年的相关系数介于 [0.37，0.49]，17 年 2652 个观察点的总体相关系数为 0.45。前向参与度和后向参与度并非两个相反的参与度指标，而是从两个不同的角度看全球价值链的参与。前向参与表示的是一个国家产业通过为其他国家提供中间品来参与全球价值链的模式，而后向参与度表示参与全球价值链的模式为一个国家产业通过从其他国家进口中间投入品来生产出口品。前向参与度和后向参与度都是测算某个经济体某产业参与全球价值链的程度，两者之间的正相关关系表明一个进口较多中间投入品来生产出口品的国家行业在平均意义上也较多地为其他国家的生产提供中间投入品。

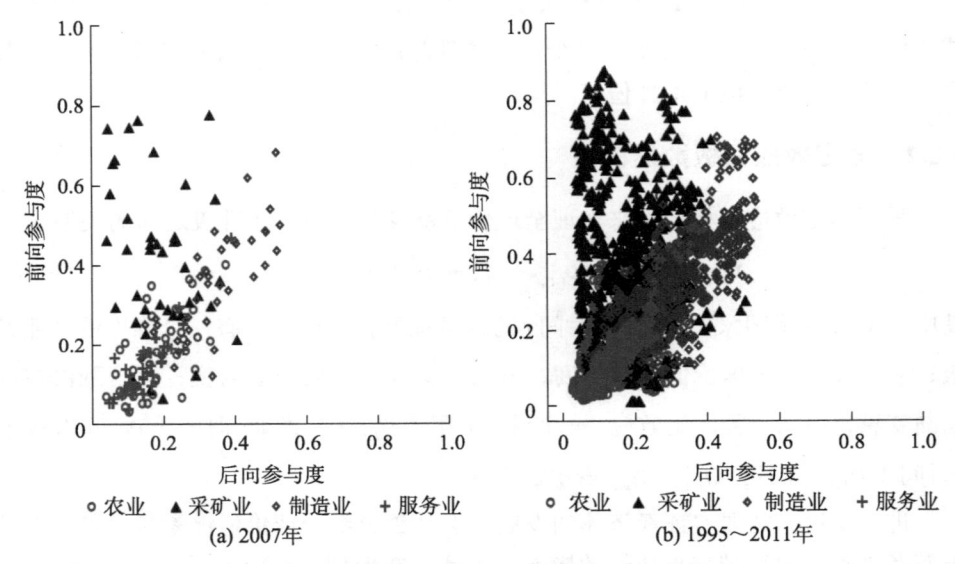

图 5.1　全球价值链前向参与度和后向参与度散点图（见彩图）

农业、采矿业、制造业和服务业分别对应35个产业分类（产业名称可参阅附录三）中的c1、c2、c3～c16和c17～c35；原则上，可以展示39个经济体35个产业从1995年至2011年的散点图，但考虑到散点的可视性，以及为了便于解释，我们将35个产业加总为四大类，并只展示这四大类产业的散点图；四大类产业的参与度指标由各个经济体的参与度加总而得，如农业的前向参与度计算方式为各个经济体农业部门参与到全球价值链的增加值总和除以各个经济体农业部门增加值的总和

图 5.1 也展示了农业和服务业的参与度要明显小于采矿业与制造业。进一步地，如果对这四大类的散点分别绘制一条拟合直线，并将其与45°线比较，可以发现采矿业的拟合线斜率将明显大于45°线，即采矿业的前向参与度要明显大于后向参与度，这表明采矿业在参与全球价值链时往往是提供中间投入品，这与其在全球生产网络中所处上游位置是一致的。

从时间维度上，1995年至2011年，产业参与全球价值链的前向参与度和后向参与度都有所上升，除了2009年因为全球金融危机有所下降，2010年和2011年又有所恢复。表5.1显示了四大类产业的前向参与度和后向参与度情况，这四大类产业的全球价值链参与度在此期间都有所增长，反映了全球价值链的深化。

其中，农业和服务业的增长最缓慢，但是服务业的增长（前向参与度增长了 2.3 个百分点，后向参与度增长了 3.3 个百分点）略高于农业的增长；采矿业的前向参与度最高，且增长最多，由 1995 年的 39.3%增长至 2011 年的 47.9%，增长了 8.6 个百分点，然而其后向参与度较低，且在此期间基本没有变化；制造业的前向参与度和后向参与度都较高，且在此期间都增长较快，分别增长了 6.2 个百分点和 7.5 个百分点。

表 5.1　全球价值链前向参与度和后向参与度

| 行业 | 前向参与度 |  |  | 后向参与度 |  |  |
|---|---|---|---|---|---|---|
|  | 1995 年 | 2011 年 | 变化/百分点 | 1995 年 | 2011 年 | 变化/百分点 |
| 农业 | 9.3% | 10.8% | 1.5 | 8.8% | 10.0% | 1.2 |
| 采矿业 | 39.3% | 47.9% | 8.6 | 8.8% | 8.9% | 0.1 |
| 制造业 | 19.5% | 25.7% | 6.2 | 18.8% | 26.3% | 7.5 |
| 服务业 | 6.0% | 8.3% | 2.3 | 6.7% | 10.0% | 3.3 |

不同经济体同一产业的参与度也会因为不同经济体本身特征的差异而有所不同。表 5.2 展示了部分例子，就采矿业（c2）而言，澳大利亚、加拿大和俄罗斯等经济体的前向参与度非常大，但后向参与度很小，反映出这些经济体是自然资源的主要生产国和出口国，而不是消费国。俄罗斯在焦炭、精炼石油及核燃料（c8）产业也表现出类似的模式，这表明俄罗斯也是能源的主要生产国。但德国、日本和美国等经济体在焦炭、精炼石油及核燃料（c8）产业情况相反，其后向参与度非常大，明显大于前向参与度，表明这些经济体更多地依赖进口能源，作为消费者而不是作为供应商向世界提供能源。在电气和光学设备（c14）产业，德国的前向参与度最高，这与其全球制造品主要供应方的地位一致。另外，像加拿大、德国、日本和美国这样的发达经济体，其电气和光学设备（c14）产业的前向参与度明显大于后向参与度，而中国等发展中经济体的情况则相反，后向参与度大于前向参与度，这一结果与发展中经济体从发达经济体进口更多的中间零部件进而进行出口品生产的现象是吻合的。

表 5.2　2007 年部分经济体部分产业的全球价值链参与度

| 经济体 | 前向参与度 |  |  | 后向参与度 |  |  |
|---|---|---|---|---|---|---|
|  | c2 | c8 | c14 | c2 | c8 | c14 |
| 澳大利亚 | 73.9% | 29.1% | 22.1% | 10.6% | 32.6% | 20.6% |
| 加拿大 | 65.9% | 33.5% | 41.9% | 6.6% | 31.6% | 33.2% |
| 中国 | 22.2% | 23.2% | 33.3% | 15.0% | 37.8% | 36.4% |
| 德国 | 26.9% | 36.3% | 45.7% | 22.7% | 55.9% | 28.7% |
| 日本 | 20.6% | 15.4% | 37.4% | 40.5% | 54.9% | 15.5% |
| 俄罗斯 | 73.7% | 31.8% | 14.6% | 4.6% | 5.2% | 13.5% |
| 美国 | 10.5% | 11.0% | 27.0% | 11.3% | 39.8% | 16.8% |

注：c2、c8、c14 分别表示采矿业，焦炭、精炼石油及核燃料，电气和光学设备三个产业

## 5.4 实证结果分析

表 5.3 给出了全球价值链前向参与度和后向参与度对产业升级三个维度的实证结果。聚焦于产品升级和技能含量升级的结果（表 5.3 的 I 全样本部分），可以发现，全球价值链参与度与产业升级之间存在强烈的正向显著关系。基于全样本

**表 5.3　全球价值链参与度与产业升级回归结果**

| 类别 | I 全样本 生产工序升级 | 产品升级 | 技能含量升级 | II 全样本 生产工序升级 | 产品升级 | 技能含量升级 |
|---|---|---|---|---|---|---|
| 后向参与度(−1) | 0.058 1*** (0.008 8) | 0.093 4*** (0.011 2) | 0.045 0*** (0.009 6) | 0.059 3*** (0.011 0) | 0.104 2*** (0.013 6) | 0.047 8*** (0.011 6) |
| 后向参与度(−1)×$d_r$ | | | | −0.012 8* (0.018 7) | −0.012 5** (0.023 5) | −0.005 6 (0.019 9) |
| 调整 $R^2$ | 0.281 6 | 0.396 8 | 0.367 0 | 0.287 5 | 0.397 6 | 0.369 5 |
| 前向参与度(−1) | −0.038 0 (0.004 6) | 0.096 7*** (0.005 7) | 0.055 3*** (0.005 1) | −0.043 6 (0.005 8) | 0.077 5*** (0.007 5) | 0.047 6*** (0.006 6) |
| 前向参与度(−1)×$d_r$ | | | | 0.056 2** (0.009 9) | 0.024 0* (0.012 5) | 0.022 3* (0.010 8) |
| 调整 $R^2$ | 0.281 8 | 0.403 5 | 0.371 2 | 0.282 0 | 0.403 6 | 0.369 6 |
| 样本量 | 16 420 | 16 420 | 16 420 | 16 420 | 16 420 | 16 420 |
| 国家−行业固定效应 | 是 | 是 | 是 | 是 | 是 | 是 |
| 国家−年份固定效应 | 是 | 是 | 是 | 是 | 是 | 是 |
| 行业−年份固定效应 | 是 | 是 | 是 | 是 | 是 | 是 |

| 类别 | III 制造业 生产工序升级 | 产品升级 | 技能含量升级 | IV 技术密集型制造业 生产工序升级 | 产品升级 | 技能含量升级 |
|---|---|---|---|---|---|---|
| 后向参与度(−1) | 0.062 6*** (0.026 1) | 0.108 9*** (0.029 8) | 0.051 3*** (0.018 1) | 0.071 5*** (0.031 2) | 0.116 2*** (0.035 6) | 0.062 7*** (0.025 4) |
| 后向参与度(−1)×$d_r$ | −0.014 5** (0.043 6) | −0.013 2** (0.049 8) | −0.006 8* (0.030 5) | −0.026 4*** (0.051 5) | −0.034 6*** (0.068 5) | −0.014 5** (0.053 2) |
| 调整 $R^2$ | 0.368 5 | 0.483 0 | 0.661 2 | 0.405 8 | 0.502 5 | 0.683 2 |
| 前向参与度(−1) | −0.033 0 (0.009 8) | 0.084 5*** (0.011 3) | 0.050 6*** (0.006 8) | −0.024 5 (0.008 3) | 0.092 6*** (0.025 7) | 0.056 8*** (0.008 6) |
| 前向参与度(−1)×$d_r$ | 0.058 5*** (0.015 8) | 0.034 2*** (0.017 9) | 0.019 4* (0.011 2) | 0.061 5*** (0.022 6) | 0.038 5*** (0.024 7) | 0.021 8** (0.019 6) |
| 调整 $R^2$ | 0.368 2 | 0.493 5 | 0.664 5 | 0.403 5 | 0.512 6 | 0.692 1 |
| 样本量 | 6 520 | 6 520 | 6 520 | 2 240 | 2 240 | 2 240 |
| 国家−行业固定效应 | 是 | 是 | 是 | 是 | 是 | 是 |
| 国家−年份固定效应 | 是 | 是 | 是 | 是 | 是 | 是 |
| 行业−年份固定效应 | 是 | 是 | 是 | 是 | 是 | 是 |

注：括号内为标准差；$d_r$ 表示发达程度的虚拟变量，若为发达经济体，取值为 1；(−1) 表示滞后一年；回归时，全球价值链参与度和产业升级指标取对数值；全样本包括 39 个经济体 34 个行业 14 年的数据，剔除了部分数据为空值的样本；制造业样本包括行业 c3~c7 和 c9~c16；技术密集型制造业样本包括行业 c13~c16。

***、**、*分别表示 $p<0.01$、$p<0.05$、$p<0.10$

的回归结果显示，后向参与度每增加1%，产品升级和技能含量升级水平分别提高0.0934个百分点和0.0450个百分点。同样地，前向参与度每增加1%，产品升级和技能含量升级也会增加。然而，对于生产工序升级而言，我们发现后向参与度具有显著的正向影响，而前向参与度的影响统计上不显著。

基于全样本的回归结果表明，加强一个经济体的全球价值链参与度对产业升级有积极影响，不过前向参与度对生产工序升级没有显著影响。通过后向参与全球价值链，一个经济体可以不在其国内生产所有的中间投入品，而可以通过进口获得种类更齐全、更便宜、质量更好的中间投入品，这降低了生产成本，提高了生产利润。这一过程可以帮助企业制造更好的产品，并使其制造更有效率，即促进生产工序升级和产品升级。某个经济体的全球价值链前向参与度增强是指该经济体向全球市场提供更多中间投入品，该经济体会在此过程中获得更多价值，即实现产品升级。在技能含量升级方面，全球价值链分工使技能含量更高的经济体倾向于将生产过程中的非技能密集型任务转移到技能含量相对不足的经济体，这增加了高技能含量经济体对中高技能劳动力的相对需求，从而促进技能升级。全球价值链还为技能含量较低的经济体提供了通过"干中学"来提高技能含量的可能性。例如，跨国公司在全球生产中扮演着关键角色，为了提高生产效率、实现更高盈利，跨国公司往往会为技能含量较低经济体的员工提供培训和学习机会，这一过程显然有助于技能含量升级。

进一步地，考察发展阶段和行业异质性对全球价值链参与度与产业升级关系的影响。表5.3中Ⅱ全样本部分显示后向参与度与发达程度（$d_r$）的交叉项系数显著为负，这意味着发展中经济体比发达经济体在全球价值链后向参与中获益更多。基于制造业样本（Ⅲ制造业部分）和技术密集型制造业样本（Ⅳ技术密集型制造业部分）的回归结果与全样本的结果一致，而且交叉项系数更大，这表明发展中经济体的制造业（特别是技术密集型制造业）升级尤其能从后向参与全球价值链这一渠道获益。这一结果与Rodrik（2013）的收敛理论是一致的，即生产率落后的经济体在全球化进程中逐步追赶生产率高的经济体。

将制造业和技术密集型制造业样本单独回归，主要是考虑到制造业的全球分割化程度更高，正如5.3节所展示的，相比于农业和服务业，制造业参与全球价值链的程度更深，因此我们预期其溢出效应也会更强。表5.3中制造业样本的系数确实比全样本的大，技术密集型制造业样本的系数则比制造业样本的更大，这表明一个发展中经济体往往在进口技术复杂度高的中间品并进行下一步国内生产这一过程中获得"干中学"的升级效应更强，因为这类中间品提供了更多可能的技术溢出。相反地，如果进口的主要是原材料或者是简单组装的中间投入品，如轻工业（如食品、饮料及烟草制造业，纺织业，木材及木制品）和资源密集型行业（如化学原料及化学产品制造业，塑料、橡胶制品，金属及加工业），升级效应则较弱。

以上分析表明，全球价值链后向参与为发展中经济体提供了更多的升级机会，因为它使发展中经济体能够进口先进的投入品，从而刺激知识溢出。相反，发达经济体的全球价值链前向参与具有更高水平的升级效应。前向参与度与发达程度的交叉项的三个系数都显著为正，发达经济体的前向参与度对产业升级三个维度的影响显著大于发展中经济体。具体地，前向参与全球价值链对发达经济体和发展中经济体的产品升级与技能含量升级都有积极的影响。然而，它对生产工序升级的积极影响只体现在发达经济体，这可能是因为前向参与全球价值链对发达经济体和发展中经济体内涵存在差异。对于发达经济体而言，前向融入全球价值链通常意味着它们可以将低附加值任务外包，从而专门从事高附加值任务，这一过程有助于降低劳动力成本，对提高生产力有积极作用。然而，对发展中经济体而言，前向参与全球价值链往往是提供原材料和（廉价）劳动力，并专门从事低附加值任务，这一过程可能促进就业、产生增加值，但不一定提供学习机会并提高其生产力。

稳健性检验分析见表 5.4。检验 Ⅰ 考察全球价值链参与度的替代指标，使用前文介绍的 VS 和 VS1 作为全球价值链参与度的替代指标，新的回归结果显示上述研究结果是稳健的。检验 Ⅱ 考察参与全球价值链对产业升级的影响可能需要较长一段时间才能实现，且短期效果可能与长期效果不同，因此使用更长的滞后期（表 5.4 展示了滞后 5 年的结果），结果显示，滞后期变长之后，影响系数显著地比表 5.3 中的基准回归结果较大。这验证了我们的预期，即"干中学"、技术溢出和优化要素配置等影响机制在中长期的效应比短期效应更明显。

表 5.4　稳健性检验

| 类别 | 生产工序升级 | 产品升级 | 技能含量升级 |
|---|---|---|---|
| Ⅰ 全球价值链参与度其他测度指标 ||||
| VS | 0.0563*** | 0.1568*** | 0.0484*** |
|  | (0.0116) | (0.0213) | (0.0253) |
| VS×$d_r$ | −0.0148** | −0.0457** | −0.0135 |
|  | (0.0089) | (0.0327) | (0.0092) |
| 调整 $R^2$ | 0.4026 | 0.6235 | 0.6587 |
| VS1 | 0.0021 | 0.0733*** | 0.0216*** |
|  | (0.0013) | (0.0108) | (0.0058) |
| VS1×$d_r$ | 0.0358*** | 0.0205** | 0.0124* |
|  | (0.0126) | (0.0067) | (0.0053) |
| 调整 $R^2$ | 0.3655 | 0.5256 | 0.6339 |
| 样本量 | 6520 | 6520 | 6520 |
| 固定效应 | 国家-行业，国家-时间，行业-时间 |||
| Ⅱ 解释变量滞后 5 年 ||||
| 后向参与度(−5) | 0.0918*** | 0.1434*** | 0.0657*** |
|  | (0.0365) | (0.0387) | (0.0203) |

续表

| 类别 | 生产工序升级 | 产品升级 | 技能含量升级 |
|---|---|---|---|
| 后向参与度(−5)×$d_r$ | −0.0272*** | −0.0413*** | −0.0126** |
|  | (0.0312) | (0.0139) | (0.0089) |
| 调整 $R^2$ | 0.3982 | 0.5226 | 0.6687 |
| 前向参与度(−5) | 0.0083 | 0.1126*** | 0.0584*** |
|  | (0.0026) | (0.0193) | (0.0073) |
| 前向参与度(−5)×$d_r$ | 0.0617*** | 0.0481*** | 0.0212** |
|  | (0.0132) | (0.0171) | (0.0092) |
| 调整 $R^2$ | 0.3525 | 0.5125 | 0.6829 |
| 样本量 | 4280 | 4280 | 4280 |
| 固定效应 | 国家-行业，国家-时间，行业-时间 |||
| Ⅲ工具变量 ||||
| 后向参与度(−1) | 0.0782*** | 0.0912*** | 0.0548*** |
|  | (0.0261) | (0.0254) | (0.0145) |
| 调整 $R^2$ | 0.3778 | 0.4982 | 0.6712 |
| 样本量 | 6520 | 6520 | 6520 |
| 固定效应 | 国家-行业，国家-时间，行业-时间 |||

注:，括号内为标准差；稳健性检验使用制造业样本；VS 表示垂直专业化程度，用于衡量全球价值链后向参与度；VS1 用于衡量全球价值链前向参与度

***、**、*分别表示 $p<0.01$、$p<0.05$、$p<0.10$

检验Ⅲ使用工具变量处理潜在的反向因果或遗漏变量造成的有偏估计问题。生产率增速高的产业往往有更高的全球价值链参与度，劳动力技能含量更高的经济体也可能更有优势参与全球价值链，这便可能造成反向因果问题。因此，我们采取工具变量法，由于缺乏合适的前向参与度的工具变量，此处主要考虑后向参与度的工具变量（Constantinescu et al., 2019）。这一工具变量的计算方法为某个经济体-行业的出口中来自美国、德国和日本这三个经济体的部分最终去往了与该经济体发展程度（人均收入）水平最相近的三个经济体占该经济体行业总出口的份额。其潜在假设是美国、德国和日本这三个发达经济体的信息通信技术发展与贸易成本的下降是推动全球价值链分工发展的主要原因（Baldwin and Lopez-Gonzalez, 2015）。经检验，这一工具变量与本章提出的后向参与度指标显著正相关。表 5.4 中的结果显示工具变量法的结果与之前的研究发现是一致的。

我们还考虑了发展程度的不同划分标准可能对结果造成影响，使用人均 GDP 的经济体分类划分发达经济体和发展中经济体之后，重新进行计量回归，得出的结论与上述研究发现也是一致的。

## 5.5 小结与政策启示

融入全球价值链已成为国际贸易及产业经济学等领域的一个重要话题，不少

研究者认为全球价值链分工为产业升级提供了一条新途径，然而，部分理论模型指出，融入全球价值链并不是对所有参与经济体都有益。特别地，一些研究指出发达经济体通过外包的形式融入全球价值链会导致失业增加及技术外流，不利于产业发展和升级，进而使得逆全球化思潮和贸易保护主义抬头。

本章利用 WIOD 中的面板数据、量化的全球价值链参与度指标，以及第四章提出的三个维度的产业升级指标来实证分析全球价值链参与度与产业升级二者之间的关系，然后将经济体分为两类，实证分析经济体的发达程度是否会影响全球价值链参与度与产业升级两者之间的关系。研究发现，融入全球价值链对产品升级和技能含量升级有正向促进效应，这一结论适用于前向和后向融入全球价值链，并且此正向影响在发达经济体和发展中经济体都存在。有所不同的是，发展中经济体的升级效应更多来自后向参与全球价值链，而前向参与度对发达经济体的升级效应更大，特别是对生产工序升级（生产率升级）这一现象更为显著。

总体而言，尽管影响渠道和影响程度存在差异，参与全球价值链分工对发达经济体和发展中经济体的产业升级发展都有益。然而，值得强调的是，全球价值链的升级效应并非自动的，往往依赖于全球化友好型的贸易政策和产业政策，正如 Gereffi 和 Sturgeon（2013）强调的，中国、泰国、越南等经济体近些年从全球价值链分工中的获益并非自然形成的，而是因为这些经济体抓住了机遇，提供了创新的、开放的贸易政策。相反，推行贸易保护主义对产业升级发展往往会适得其反。

# 第 6 章 RCEP 重构全球产业链与中国机遇
CHAPTER 6

2020 年 11 月 15 日，中国、日本、韩国、澳大利亚、新西兰和东盟十国签署了 RCEP。RCEP 将如何重构全球产业链、价值链，特别是 RCEP 为中国产业链发展提供了何种机遇？本章基于多国家多部门李嘉图模型与全球多区域投入产出模型，测算了 RCEP 关税削减的贸易和福利效应，从全球价值链参与深度（即全球价值链参与度）及全球价值链参与广度（即全球价值链关联度）两个维度事前定量评估了 RCEP 关税削减对全球价值链的重构效应，并通过分解增加值和最终品区分了前向与后向全球价值链参与度和关联度，以分别从供给侧和需求侧解读全球价值链的重构。研究结果表明，一方面，RCEP 将缓解当前全球化发展衰退的现象，改善东盟、中国、韩国等经济体全球价值链参与度下降的趋势，特别地，其对复杂的全球价值链活动提升作用更为显著；另一方面，RCEP 将显著增强中国、日本、韩国和东盟等成员与亚洲区域的全球价值链前向和后向关联，促使这些经济体以更加区域化的方式参与全球价值链，推动价值链向区域化方向重构，尤其是促进亚洲区域价值链的深化融合。本章的定量实证研究为我国借助 RCEP 加快构建国内国际双循环相互促进的新发展格局以应对日益增强的世界经济不确定性提供了重要启示。

## 6.1 引　　言

产业链、供应链和价值链的全球化已成为世界经济的典型特征，是全球经济系统的本质内容。20 世纪 80 年代以来，由于科技水平的提升、基础设施的完善及贸易投资便利化水平的提高，全球价值链得以繁荣发展（杨翠红等，2020），在促进经济增长、创造就业岗位、缩减贫富差距、提升生产效率（吕越等，2017）、推动产业升级（苏杭等，2017；Tian et al.，2022a）等方面发挥了重要作用。繁荣发展三十多年后，由于全球政治、经济、技术等因素的深刻复杂变化，近年来，全球价值链面临重大调整。金融危机以来，全球中间品贸易和贸易总额出现大幅缩水，货物贸易增速开始低于经济增速，全球价值链的发展出现衰退迹象（Zhang et al., 2022）。英国脱欧、美国对华挑起贸易冲突等贸易保护主义抬头事件和全球新冠疫情等重大冲击给一些产业链造成了断链风险，动摇了从经济成本出发构建的集中度较高的全球产业链体系，各个经济体及跨国企业更多地从安全、稳定的角度调整生产布局，众多学者认为全球产业链向本土化和区域化重构的趋势明显（鞠建东等，2020；黄群慧和倪红福，2021）。

在全球价值链重构加速的大背景下，2020年11月15日，中国、日本、韩国、澳大利亚、新西兰与东盟十国正式签署了RCEP。2022年1月1日，RCEP正式生效，首批生效的国家包括文莱、柬埔寨、老挝、新加坡、泰国、越南等东盟六国和中国、日本、新西兰、澳大利亚等非东盟四国。2022年2月1日起，RCEP对韩国生效。2022年3月18日起，RCEP对马来西亚生效。2022年3月20日柬埔寨发表声明，确保全面落实RCEP。RCEP是中国、日本、韩国三国共同达成的首个自由贸易协定，覆盖了全球近三分之一的经济、贸易与人口规模，是当前全球规模最大的自由贸易协定。该协定磋商历时八年之久，最终在这一特殊且重要的时期落定，其生效为全球化增添信心，为区域合作提供新动力，给世界经济应对逆全球化、复苏乏力等挑战带来了新机遇。

已有不少学者分别从贸易、经济、投资及环境的角度定量考察了RCEP带来的若干影响。张洁等（2022）考虑了全球价值链时代的异质性消费者，构建了一般均衡模型，量化评估了RCEP对个体贸易利益的影响。Li等（2017）基于可计算一般均衡（computable general equilibrium，CGE）模型研究了RCEP对外国直接投资（foreign direct investment，FDI）的影响，研究发现，RCEP将分别通过外国直接投资自由化直接途径及贸易自由化间接途径两条路径来显著地促进外国直接投资，预计RCEP给中国带来的经济总收益在1030亿~2140亿美元，相当于2016年GDP的1.1%~2.2%。Mahadevan和Nugroho(2019)利用全球贸易分析项目（Global Trade Analysis Project，GTAP）模型研究发现，尽管RCEP给全球带来了较大的经济收益，但这不足以弥补中美贸易摩擦给全球经济带来的负面影响。Li C D和Li D L（2022）采用可计算一般均衡模型研究了RCEP和《全面与进步跨太平洋伙伴关系协定》（Comprehensive and Progressive Agreement for Trans-Pacific Partnership，CPTPP）的意大利面碗（Spaghetti bowl）效应，研究发现，若成为RCEP和CPTPP的共同成员，将比只加入一个贸易协定或不加入贸易协定带来更大的经济收益。Tian等（2022b）结合改进的Eaton-Kortum（伊顿-科图姆）模型与投入产出模型研究发现，RCEP关税削减将显著提升成员之间的贸易，进而增加贸易隐含的碳排放，若RCEP成员间的关税全部降为

0，将使得全球年碳排放量增加约 3.1%，是 2010~2020 年这 10 年全球碳排放年增长率的两倍。韩剑和许亚云（2021）定性分析指出，RCEP 将整合和优化当前亚太地区的碎片化贸易规则，推动亚太一体化进程，加速全球价值链向区域化转型。

然而，目前鲜有文献定量地研究 RCEP 实施对全球价值链重构的影响。RCEP 能否缓解逆全球化进程？还是将促进价值链向区域化方向重构？相应地，全球三大区域（亚洲、北美和欧洲）之间的价值链关联将发生怎样的变化？作为亚洲区域价值链核心之一的中国在全球价值链中的分工布局又将会发生怎样的变化？这些问题的定量研究对研判未来全球价值链走向，助推中国构建国内国际双循环相互促进的新发展格局以应对日益增加的全球经济不确定性具有重要的现实指导意义。

首先，本章基于全球多区域投入产出模型测算了全球各主要经济体及行业在 1995~2018 年参与全球价值链深度及广度的演变趋势，使用全球价值链参与度（Wang et al.，2022）来表征参与全球价值链的深度，用全球价值链关联度（Los et al.，2015）表征参与全球价值链的广度。然后，本章利用多国家多部门李嘉图模型测算出 RCEP 关税削减对全球多边贸易的影响，结合全球多区域投入产出模型事前评估了 RCEP 关税削减对各主要经济体及其行业参与全球价值链深度及广度的影响。

研究内容上，本章总结分析了全球价值链的历史演变趋势，而且从定量分析视角全面评估了 RCEP 实施对全球价值链重构的影响，回答了 RCEP 实施将缓解逆全球化进程还是促进价值链向区域化重构的问题，并具体分析了全球三大区域价值链关联的变化及中国在全球价值链中分工布局的变化，为把握全球价值链重构趋势提前做好布局应对提供了重要的参考与依据。研究方法上，本章有效结合了多国家多部门李嘉图模型可测算关税削减的贸易效应的优点与全球多区域投入产出模型可追溯全球价值链发展态势的优点，综合评估了 RCEP 关税削减对 RCEP 成员及全球三大区域（亚洲、北美和欧洲）参与全球价值链深度和广度的影响。在数据使用上，本章使用 OECD 于 2021 年 11 月发布的 1995~2018 年时间序列型全球多区域投入产出表分析了全球价值链的历史演变趋势，2021 版全球多区域投入产出表相较 2018 版拥有更长更新的时间序列、更细化的部门分类且涵盖所有的 RCEP 成员。此外，本章评估 RCEP 关税削减影响时使用的关税数据为 RCEP 关税承诺表中的真实关税，本章具体分析了 RCEP 成员间关税降至协定实施第一年、第五年、第十年、第二十年的关税，以及全部降为 0 等多种情景。这些数据能够更加准确反映 RCEP 的影响，使得研究结论可靠且具有现实意义。

## 6.2 模型与数据

### 6.2.1 RCEP关税削减对多边贸易的影响

本章主要借鉴 Caliendo 和 Parro（2015）提出的多国家多部门李嘉图模型来评估 RCEP 关税削减对多边贸易和各经济体实际工资、福利的影响。假设世界上有 $n$ 个经济体，每个经济体有 $m$ 个部门。用 $s$ 和 $r$ 表示经济体，用 $i$ 和 $j$ 表示部门。消费者的效用函数为柯布道格拉斯函数。

$$u(C^r) = \prod_{j=1}^{m} (C_j^r)^{\alpha_j^r} \quad \sum_{j=1}^{m} \alpha_j^r = 1 \qquad (6.1)$$

其中，$C_j^r$ 表示消费者对部门 $j$ 的消费；$\alpha_j^r$ 为对应的部门消费权重；$C^r$ 表示消费品总体。

假设每个部门都投入劳动力和复合中间品来生产连续的中间品 $\omega_j \in [0,1]$，生产函数为柯布道格拉斯函数。

$$q_j^r(\omega_j) = z_j^r(\omega_j) \left[ l_j^r(\omega_j) \right]^{\gamma_j^r} \prod_{i=1}^{m} \left[ m_{i,j}^r(\omega_j) \right]^{\gamma_{i,j}^r}$$

其中，$z_j^r(\omega_j)$ 表示生产 $\omega_j$ 的效率；$l_j^r(\omega_j)$ 表示劳动力投入；$m_{i,j}^r(\omega_j)$ 表示部门 $i$ 在部门 $j$ 生产 $\omega_j$ 时投入的复合中间品；$\gamma_j^r$ 表示劳动力投入占总投入的比重；$\gamma_{i,j}^r$ 表示部门 $j$ 在生产 $\omega_j$ 时部门 $i$ 投入的复合中间品的份额，有 $\sum_{i=1}^{m} \gamma_{i,j}^r + \gamma_j^r = 1$。上述一揽子投入的成本记为

$$c_j^r = B_j^r (\varpi^r)^{\gamma_j^r} \prod_{i=1}^{m} (P_i^r)^{\gamma_{i,j}^r} \qquad (6.2)$$

其中，$\varpi^r$ 表示工资；$P_i^r$ 表示部门 $i$ 合成中间品的价格；$B_j^r$ 表示常数。

在一个开放经济体中，生产者会以成本最小化为原则从其他地区采购中间品。与此同时，贸易存在贸易成本，假设经济体 $r$ 从经济体 $s$ 进口部门 $j$ 的产品需要支付的贸易成本为 $\kappa_j^{sr}$，记 $\kappa_j^{sr} = (1 + \tau_j^{sr}) d_j^{sr}$，其中，$\tau_j^{sr}$ 表示从价税，$d_j^{sr}$ 表示冰山贸易成本。参照 Eaton 和 Kortum（2002），假设生产效率 $z_j^r(\omega_j)$ 服从 Fréchet（弗雷歇）分布，则可以推导得出中间品的价格为

$$P_j^r = G_j \left[ \sum_{s=1}^{n} \lambda_j^s (c_j^s \kappa_j^{sr})^{-\theta_j} \right]^{-1/\theta_j} \qquad (6.3)$$

其中，$G_j$ 表示常数；$\lambda_j^s$ 表示 Fréchet 分布的规模参数，该数值越大，生产效率越高，反映了生产的绝对优势；$\theta_j$ 表示 Fréchet 分布的形状参数，该数值越大，生

产效率分散度越低,反映了生产的比较优势。

根据 Fréchet 分布的性质,可以得出经济体 $r$ 从经济体 $s$ 进口部门 $j$ 产品的支出份额为

$$\pi_j^{sr} = \frac{\lambda_j^s \left(c_j^s \kappa_j^{sr}\right)^{-\theta_j}}{\sum_{h=1}^n \lambda_j^h \left(c_j^h \kappa_j^{hr}\right)^{-\theta_j}} \tag{6.4}$$

由式(6.4)可以看出,任何关税的变动都会影响贸易成本,进而影响双边贸易份额。此外,式(6.2)和式(6.3)展示了关税变动如何通过影响一揽子投入成本($\lambda_j^s$)进而间接影响双边贸易份额。

记 $Y_j^r$ 为经济体 $r$ 部门 $j$ 的总支出,其等于企业用于生产中间品的支出加上家庭用于最终品消费的支出。

$$Y_j^r = \sum_{i=1}^m \gamma_{i,j}^r \sum_{s=1}^n Y_i^s \frac{\pi_i^{rs}}{1+\tau_i^{rs}} + \alpha_j^r I^r \tag{6.5}$$

其中,$I^r = \varpi^r L^r + R^r + D^r$ 表示经济体 $r$ 的总家庭支出,即劳动力收入($\varpi^r L^r$)、关税收入($R^r$)和贸易差额($D^r$)的和。其中,$R^r = \sum_{j=1}^m \sum_{s=1}^n \tau_j^{sr} M_j^{sr}$,$M_j^{sr} = Y_j^r \frac{\pi_j^{sr}}{1+\tau_j^{sr}}$ 表示经济体 $r$ 从经济体 $s$ 进口部门 $j$ 的产品。一国的贸易差额为各部门贸易差额之和,因此 $D^r = \sum_{j=1}^m D_j^r$,这里 $D_j^r = \sum_{s=1}^n M_j^{sr} - \sum_{s=1}^n E_j^{sr}$,$E_j^{sr} = Y_j^s \frac{\pi_j^{rs}}{1+\tau_j^{rs}}$ 为经济体 $r$ 对经济体 $s$ 出口的部门 $j$ 的产品。

假设在关税结构为 $\tau$ 时均衡条件下的工资和价格为 $(\varpi, P)$,下面求解关税结构变为 $\tau'$ 时均衡条件下的工资和价格 $(\varpi', P')$。求解变化后的均衡要求估计一些较难识别的参数,为此,Caliendo 和 Parro(2015)提出了一种求解相对变化的均衡的方法,以尽量减少参数估计。用 $\hat{x} = x'/x$ 表示变量的相对变化,相对变化的均衡满足以下条件

$$\hat{c}_j^r = \left(\hat{\varpi}^r\right)^{\gamma_j^r} \prod_{i=1}^m \left(\hat{P}_i^r\right)^{\gamma_{i,j}^r} \tag{6.6}$$

$$\hat{P}_j^r = \left[\sum_{s=1}^n \pi_j^{sr} \left(\hat{c}_j^s \hat{\kappa}_j^{sr}\right)^{-\theta_j}\right]^{-1/\theta_j} \tag{6.7}$$

$$\hat{\pi}_j^{sr} = \left(\frac{\hat{c}_j^s \hat{\kappa}_j^{sr}}{\hat{P}_j^r}\right)^{-\theta_j} \tag{6.8}$$

$$\hat{\kappa}_j^{sr} = \frac{1+\tau_j^{'sr}}{1+\tau_j^{sr}} \quad (6.9)$$

$$Y_j^{'r} = \sum_{i=1}^{m} \gamma_{i,j}^{r} \sum_{s=1}^{n} Y_i^{'s} \frac{\pi_i^{'rs}}{1+\tau_i^{'rs}} + \alpha_j^{r} I^{'r} \quad (6.10)$$

$$\sum_{j=1}^{m} \sum_{s=1}^{n} Y_j^{'r} \frac{\pi_j^{'sr}}{1+\tau_j^{'sr}} - D^{'r} = \sum_{j=1}^{m} \sum_{s=1}^{n} Y_j^{'s} \frac{\pi_j^{'rs}}{1+\tau_j^{'rs}} \quad (6.11)$$

$$I^{'r} = \hat{\varpi}^r \varpi^r L^r + R^{'r} + D^{'r} \quad (6.12)$$

将 RCEP 关税削减后的新关税 $\tau'$ 代入上述方程，求出在相对均衡条件下的 $(\hat{\varpi}, \hat{P})$，根据 $\pi_j^{sr}$、$\theta_j$、$\hat{\varpi}$ 和 $\hat{P}$ 便可以计算出在新关税下经济体 $r$ 从经济体 $s$ 部门 $j$ 的进口份额为 $\pi_j^{'sr}$，进而可以计算出 RCEP 关税削减后双边贸易份额的变化率为 $\Delta\pi_j^{sr} = (\pi_j^{'sr} - \pi_j^{sr})/\pi_j^{sr}$，也可以测算各经济体实际工资（$\varpi^r/P^r$）和福利（$I^r/P^r$）的变化。

### 6.2.2 RCEP 关税削减对全球价值链参与度和关联度的影响

本节根据 6.2.1 节得出的 RCEP 关税削减对多边贸易的影响，结合全球多区域投入产出模型从经济体参与全球价值链的深度与广度两个维度来评估 RCEP 关税削减对全球价值链分工布局的影响。

根据第 2 章介绍，全球多区域投入产出模型（表式如表 2.1）可写成的矩阵形式为

$$y = (I-A)^{-1}f = Bf \quad (6.13)$$

其中，$y$ 表示总产出向量；$A$ 为中间投入系数矩阵；$f$ 为最终需求向量；$B$ 为全球列昂惕夫逆矩阵。

令 $v$ 表示直接增加值系数向量，则可以追溯每个经济体生产的最终品中所含的增加值及其来源。

$$W = \hat{v}B\hat{f} = \begin{bmatrix} v^1 B^{11} f^1 & \cdots & v^1 B^{1r} f^r & \cdots & v^1 B^{1n} f^n \\ \vdots & & \vdots & & \vdots \\ v^r B^{r1} f^1 & \cdots & v^r B^{rr} f^r & \cdots & v^r B^{rn} f^n \\ \vdots & & \vdots & & \vdots \\ v^n B^{n1} f^1 & \cdots & v^n B^{nr} f^r & \cdots & v^n B^{nn} f^n \end{bmatrix} \quad (6.14)$$

其中，$\hat{v}$ 和 $\hat{f}$ 分别表示将向量 $v$ 和 $f$ 对角化；$f^r$ 表示经济体 $r$ 生产的最终品；$v^s B^{sr} f^r$ 表示经济体 $r$ 生产的最终品包含的来自经济体 $s$ 的增加值。矩阵 $W$ 中的元素 $w_{ij}^{sr} = v_i^s b_{ij}^{sr} f_j^r$ 表示经济体 $r$ 部门 $j$ 生产的最终产品中包含的经济体 $s$ 部门 $i$ 的完全增加值。式（6.14）行向上刻画的是某个经济体部门的增加值（最初投入）被所

有经济体部门（包括自身）所使用的情况，反映的是增加值的去向。式（6.14）列向上刻画的是某个经济体部门最终品中所包含的来自自身和其他经济体部门的增加值情况，反映的是最终品价值的来源。

本章使用全球价值链参与度指标来刻画各经济体部门参与全球价值链的深度，全球价值链参与度分为前向参与度和后向参与度，进一步又可以区分简单全球价值链参与度和复杂全球价值链参与度。第 5 章已经介绍了全球价值链参与度指标的测算，本章不再赘述。

本章使用各经济体部门与其他经济体的全球价值链关联度来刻画其参与全球价值链的广度，该指标反映了各经济体部门的全球价值链上涉及哪些外部经济体，以及这些外部经济体贡献的价值份额（Los et al., 2015）。分别从后向关联和前向关联两个视角测度某经济体与区域内（不包括自身经济体）及区域外的价值链关联，具体地，经济体 $r$ 部门 $i$ 的区域内全球价值链前向关联可表示为

$$\text{RGVCf}_i^r = \frac{\sum_{s \in R} \sum_{j=1}^m w_{ij}^{rs} - \sum_{j=1}^m w_{ij}^{rr}}{\sum_{s=1}^n \sum_{j=1}^m w_{ij}^{rs}} \quad (6.15)$$

其中，$R$ 表示经济体 $r$ 所在的区域。比如，若 $r$ 为中国，则 $R$ 表示亚洲区域。经济体 $r$ 部门 $i$ 的区域外全球价值链前向关联可表示为

$$\text{GVCf}_i^r = \frac{\sum_{s \notin R} \sum_{j=1}^m w_{ij}^{rs}}{\sum_{s=1}^n \sum_{j=1}^m w_{ij}^{rs}} \quad (6.16)$$

类似地，经济体 $r$ 部门 $i$ 的区域内全球价值链后向关联可表示为

$$\text{RGVCb}_i^r = \frac{\sum_{s \in R} \sum_{j=1}^m w_{ji}^{sr} - \sum_{j=1}^m w_{ji}^{rr}}{\sum_{s=1}^n \sum_{j=1}^m w_{ji}^{sr}} \quad (6.17)$$

经济体 $r$ 部门 $i$ 的区域外全球价值链后向关联可表示为

$$\text{GVCb}_i^r = \frac{\sum_{s \notin R} \sum_{j=1}^m w_{ji}^{sr}}{\sum_{s=1}^n \sum_{j=1}^m w_{ji}^{sr}} \quad (6.18)$$

若要计算某一经济体的区域内（外）全球价值链前（后）向关联，只需要对式（6.15）～式（6.18）分子和分母中的行业分别进行求和即可。

至此，可以得到测度各经济体部门参与全球价值链的深度（即全球价值链参与度）和广度（即全球价值链关联度）的指标。基于现有的全球多区域投入产出表历史数据，可以从各经济体部门参与全球价值链的深度和广度两方面来分析全球价值链分工布局的演变。与此同时，根据 6.2.1 节计算出的 RCEP 关税削减对多边贸易的影响 $\Delta \pi$，可以得到 RCEP 实施以后新的中间品和最终品贸易流动矩阵 $\tilde{A} = A \circ (1^* + \Delta \pi^*)$ 和 $\tilde{F} = F \circ (1 + \Delta \pi)$，其中，$\circ$ 表示 Hadamard 乘法运算符，即表示

对应元素相乘；$\Delta \pmb{\pi}^*$ 表示将矩阵 $\Delta \pmb{\pi}$ 拓展为与方阵 $A$ 同维的方阵，该矩阵的前 $m$ 列均为矩阵 $\Delta \pmb{\pi}$ 的第一列，该矩阵的第 $m+1$ 列至第 $2m$ 列均为矩阵 $\Delta \pmb{\pi}$ 的第二列，以此类推；$\mathbf{1}^*$ 表示与 $\Delta \pmb{\pi}^*$ 同维的元素全为 1 的方阵；$\mathbf{1}$ 表示与 $\Delta \pmb{\pi}$ 同维的元素全为 1 的矩阵。将 $\widetilde{A}$ 和 $\widetilde{F}$ 代入上述全球价值链参与度和关联度的测算公式，即可测算得到 RCEP 关税削减对各经济体部门全球价值链参与度和关联度的影响。

### 6.2.3　数据说明

本章使用 OECD 于 2021 年 11 月发布的全球多区域投入产出表来分析各经济体部门的全球价值链参与度与全球价值链关联度历史演变情况，评估 RCEP 关税削减对全球价值链参与度与关联度的影响。该版全球多区域投入产出表不仅包含了所有的 RCEP 成员，且拥有较长和较近的年份的时间序列，这为本章基于投入产出模型的分析与测算提供了最新且扎实的数据基础。

在采用多国家多部门李嘉图模型测算 RCEP 关税削减对多边贸易影响时，本章所需的主要数据有双边贸易、双边关税、增加值、总产出、中间品消费及生产率分散度（$\theta_j$）。其中，双边贸易数据来自联合国商品贸易统计数据库，本章将按编码协调制度（Harmonization Code System，HS-Code），即 HS6 位码分类的 2019 年货物贸易数据协调至与全球多区域投入产出表中的货物贸易部门匹配。双边关税数据为 RCEP 生效之前及生效之后的关税数据，其中，RCEP 生效前的双边关税数据来自世界综合贸易解决方案（World Integrated Trade Solution，WITS）数据库，该数据库最初来源于联合国统计司贸易分析和信息系统，本章选取 2019 年的有效适用税率作为 RCEP 生效之前的关税，该关税为实际使用关税且考虑了各经济体之间现存的所有贸易协定（RCEP 除外）。原始的关税数据是基于 HS 8 位码分类的，本章采用简单平均法将其统一到国际标准产业分类第 4 版的行业。RCEP 生效后的关税由 RCEP 的关税承诺表确定，关税承诺表详细地列出了 RCEP 自生效之日起各缔约方每年的关税削减承诺，表中的基准关税为 2014 年的最惠国关税，故 RCEP 生效后协定关税可能高于 2019 年的有效适用税率，因此取这两种关税的最小值为 RCEP 当年生效后的适用关税。增加值、总产出和中间品消费数据均来源于 OECD 发布的 2018 年全球多区域投入产出表。生产率分散度沿用 Caliendo 和 Parro（2015）文中估计的参数。

## 6.3　主要经济体参与全球价值链深度及广度的演变

### 6.3.1　各主要经济体参与全球价值链深度的演变

20 世纪 90 年代以来全球产业布局和全球价值链历经动态调整。图 6.1 展示了

1995~2018 年 RCEP 成员经济体参与全球价值链深度的演变情况。RCEP 成员参与全球价值链的方式以简单全球价值链为主，参与复杂全球价值链的程度是简单全球价值链的一半左右，即生产要素在用于跨境生产过程中以单次跨境为主。不管是简单还是复杂的全球价值链，中国、韩国和东盟的全球价值链后向参与度都高于全球价值链前向参与度，这表明这些经济体相对位于全球价值链的下游环节，其在生产中会进口更多的中间品或更高附加值的产品；澳大利亚的简单和复杂全球价值链前向参与度都分别高于其简单和复杂的全球价值链后向参与度，日本的复杂全球价值链前向参与度高于复杂全球价值链后向参与度，新西兰的简单全球价值链前向参与度略高于简单全球价值链后向参与度，这表明这些经济体相对位于全球价值链的上游环节，为其他经济体的生产提供更多的原材料与中间品或者更高附加值的产品。2008 年金融危机爆发以来，中国和东盟的全球价值链参与度总体下降，日本、韩国、澳大利亚和新西兰的全球价值链参与度增速有所放缓。

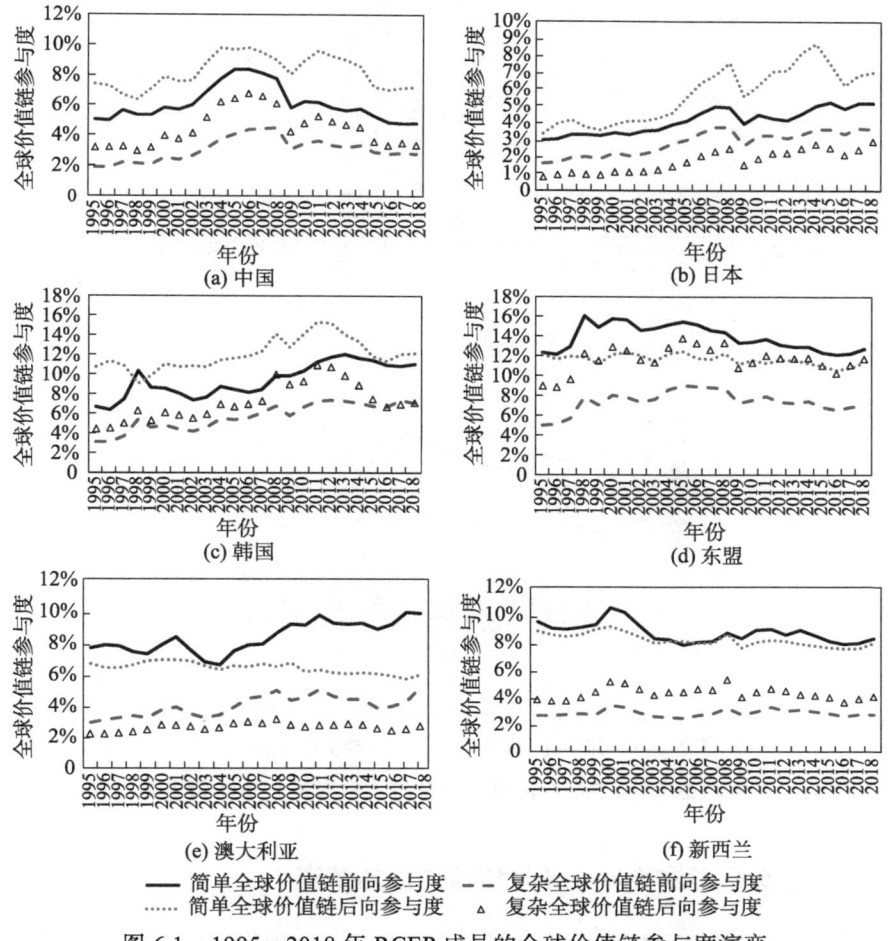

图 6.1 1995~2018 年 RCEP 成员的全球价值链参与度演变

分三大区域（亚洲、欧洲和北美）来看（图 6.2），它们参与全球价值链的方式也以简单参与全球价值链为主。2008 年金融危机之前，亚洲地区的简单和复杂全球价值链参与度都显著上升，金融危机使得全球价值链参与度骤降，危机之后，参与度虽有所回升，但没有恢复到危机之前的水平；欧洲地区的简单全球价值链参与度和复杂全球价值链参与度在金融危机时期短暂下降，危机之后呈现缓慢增长的态势；北美地区的复杂全球价值链参与度保持在较平稳的较低水平，简单全球价值链参与度在金融危机期间明显下降，随后波动性恢复，2014 年之后又出现明显的波动下降。总体而言，金融危机之后，全球经济和贸易发展缓慢，各经济体（地区）参与全球价值链分工的程度明显放缓，有的停滞不前甚至减小，已经有不少文献也指出了这一现象（Zhu and Jiang，2019；Zhang et al.，2022），并认为新冠疫情加剧全球价值链分工的放缓。

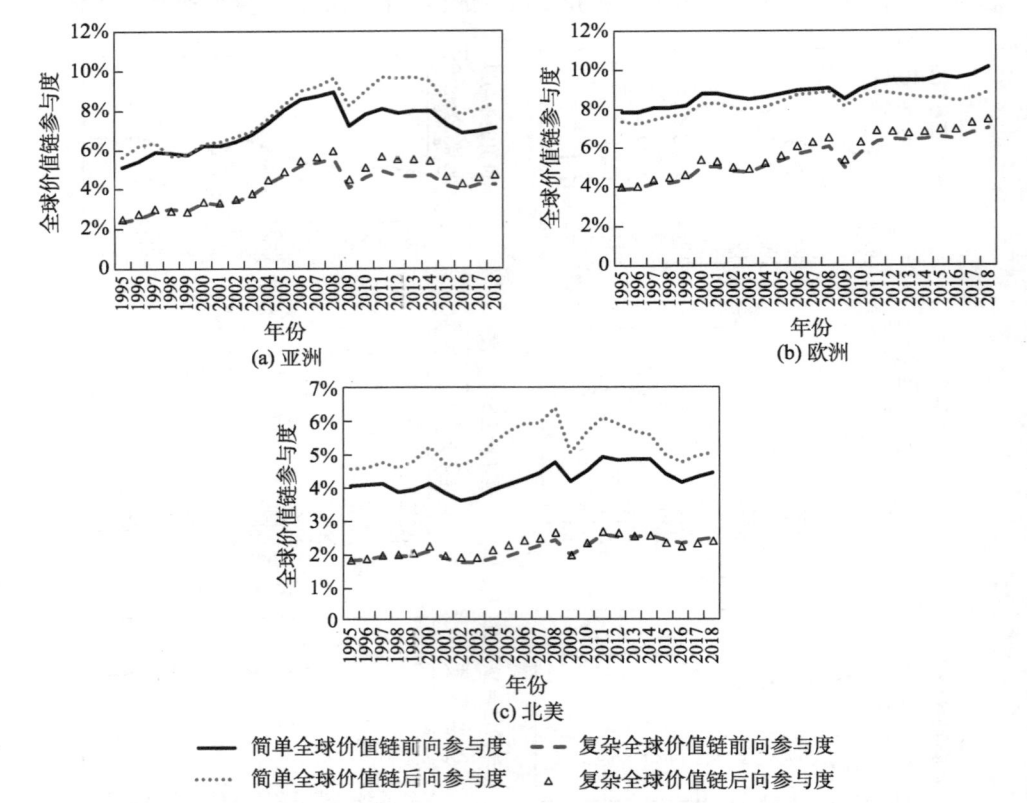

图 6.2　1995～2018 年亚洲、欧洲、北美三大区域的全球价值链参与度演变

## 6.3.2　各主要经济体参与全球价值链广度的演变

本节主要研究 RCEP 成员及全球三大区域参与全球价值链广度的演变情况。

从图 6.3 可以看出，中国 2001 年加入 WTO 以来，与亚洲区域外和亚洲区域内的全球价值链前向关联呈现快速增长态势，且与区域外的关联更强。金融危机爆发之后，中国与两者的全球价值链前向关联均受到了严重的冲击，随后总体呈现缓慢下降的态势，但其与区域外的全球价值链前向关联仍然显著高于与区域内的关

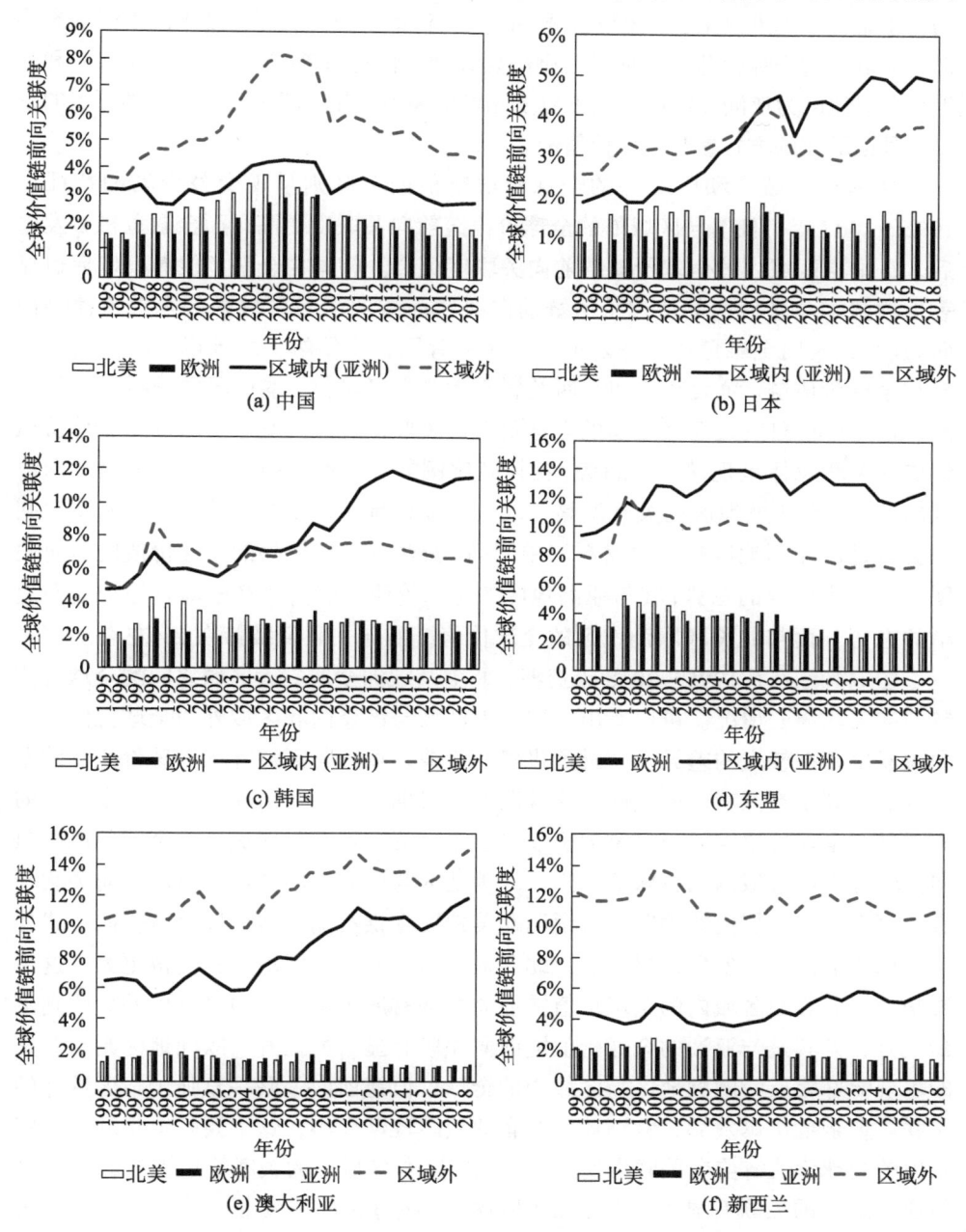

图 6.3　1995～2018 年 RCEP 成员与全球三大区域间的全球价值链前向关联度演变

联。这表明在全球价值链分工中，中国为区域外的经济体（特别是北美和欧洲经济体）提供了更多原材料和中间品，即中国在供给端更多是以一种全球化的方式参与全球价值链。东盟地区恰好相反，2000年以来东盟与区域内的全球价值链前向关联一直显著高于与区域外的关联，且两者的差距呈现不断加大的趋势，这是因为自金融危机爆发以来，东盟与区域外的全球价值链前向关联呈现不断下降的态势，而与区域内的全球价值链前向关联则呈现波动增长的态势。这表明相较于北美和欧洲，东盟地区为亚洲经济体提供了更多原材料和中间品，即东盟在供给端更多的是以一种区域化的方式参与全球价值链。

日本与区域内和区域外的全球价值链前向关联则呈现交替变动的特征，1995~2007年，日本与区域外的全球价值链前向关联度更高，而金融危机爆发以后，日本与区域内的全球价值链前向关联度更高。韩国在金融危机爆发以后也显著地增强了与区域内的全球价值链前向关联而减弱了与区域外的全球价值链前向关联。这表明金融危机的爆发促使日本和韩国在供给端更多地以区域化的方式参与全球价值链。澳大利亚和新西兰属于大洋洲经济体，本章同样分析了其与亚洲、北美和欧洲三大区域之间的全球价值链关联。澳大利亚与区域外的全球价值链前向关联总体呈现递增的趋势，且较高比例的全球价值链前向关联是与亚洲地区的关联，与亚洲地区的关联度是与北美或欧洲地区的5倍左右，这说明澳大利亚更多地向亚洲地区提供原材料和中间品。新西兰与区域外的全球价值链前向关联呈现较为稳定的态势，其与亚洲地区的全球价值链前向关联较高且呈现缓慢递增的态势，而与北美和欧洲地区的全球价值链前向关联度维持在2%左右。

图6.4展示了1995~2018年亚洲、北美及欧洲全球三大区域之间的全球价值链前向关联演变情况。可以看出，这三大区域与区域内和区域外的全球价值链前向关联度存在较大的差异。金融危机爆发之前，亚洲与区域外的全球价值链前向关联显著高于与区域内的关联，这说明这一时期亚洲在供给端更多地以全球化的方式参与全球价值链，而金融危机爆发以后，亚洲地区与区域外的全球价值链前向关联降至与区域内的关联度相当。北美地区与区域外的全球价值链前向关联一直显著强于与区域内的关联，这说明北美地区在供给端更多地以全球化的方式参与全球价值链。金融危机爆发后，北美地区与两者的关联度差距变得更大，这主要是由于北美与区域内的全球价值链前向关联有所下降，而与区域外的关联则不断上升，尤其是与亚洲的全球价值链前向关联有显著的提升。欧洲地区则与北美的表现恰好相反，欧洲地区与区域内的全球价值链前向关联一直强于与区域外的关联。金融危机爆发后，欧洲地区两者的差距逐渐变小，这主要是由于欧洲与区域内的全球价值链前向关联增速放缓，同时，与区域外的关联快速上升，特别是与亚洲地区的关联有显著提升。综上所述，金融危机的爆发显著改变了全球三大区域间的全球价值链前向关联，从供给端重构了全球价值链布局，主要是亚洲地

区减少了与北美和欧洲地区的全球价值链前向关联,而北美和欧洲地区却显著增加了与亚洲地区的全球价值链前向关联,这种演变使得亚洲地区在金融危机爆发后成为全球三大区域的主要需求方,亚洲地区在全球需求市场的重要性进一步凸显。

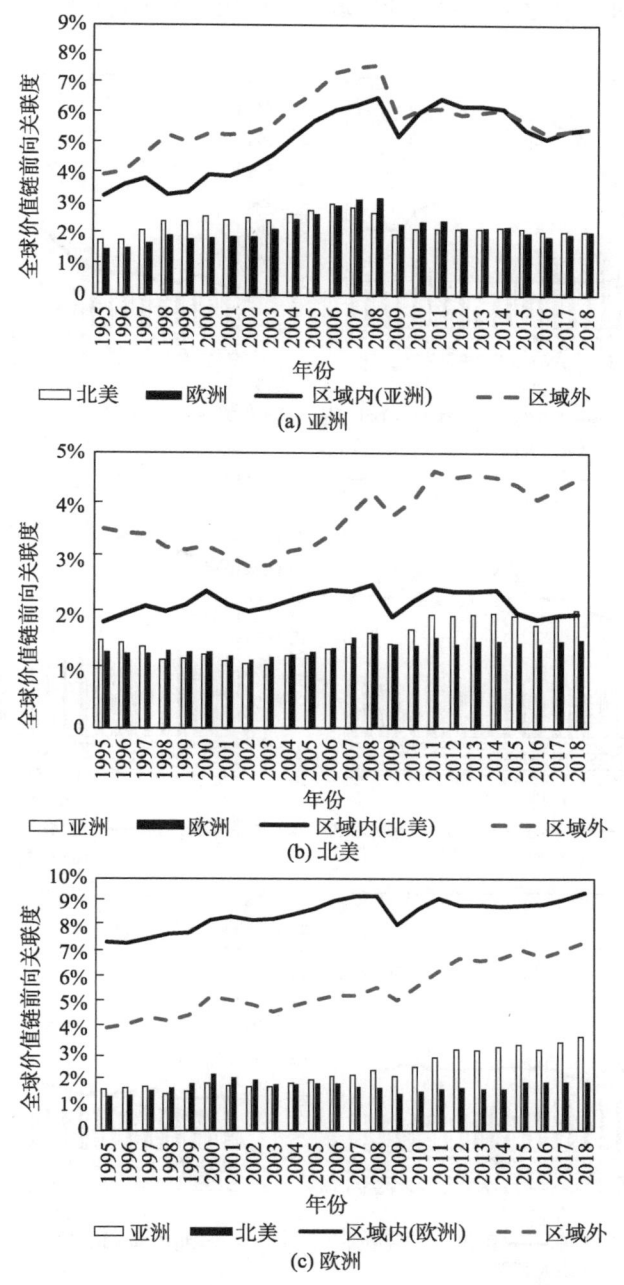

图 6.4 1995～2018 年全球三大区域之间的全球价值链前向关联度演变

图 6.5 展示了 RCEP 成员与全球三大区域之间的全球价值链后向关联度演变情况，对比图 6.3 和图 6.4 中的全球价值链前向关联度演变趋势发现，RCEP 成员与全球三大区域的全球价值链后向关联度演变趋势与前向关联存在较大的差异。具体来看，2004 年及之前，中国的区域内和区域外全球价值链后向关联度相差无

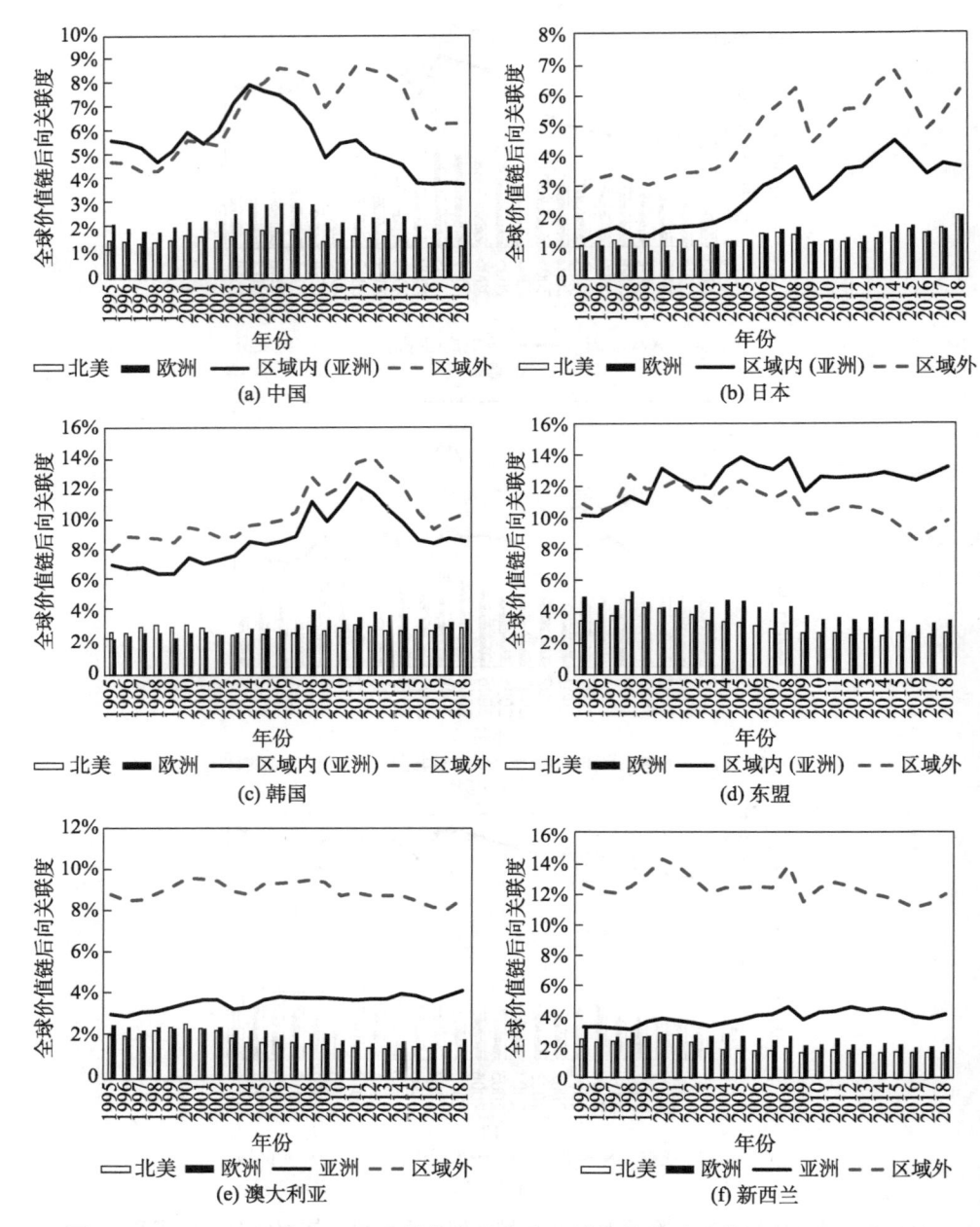

图 6.5　1995～2018 年 RCEP 成员与全球三大区域间的全球价值链后向关联度演变

几，而之后中国与区域内的全球价值链后向关联明显小于与区域外的后向关联。这说明在全球价值链中，中国更多地从区域外进口原材料或中间品，特别是从欧洲地区，即中国在需求端也更多地以全球化的方式参与全球价值链。然而，东盟与区域内和区域外的全球价值链后向关联度恰好与中国相反，2003年之前东盟与两者的全球价值链后向关联相差无几，而后东盟与区域外的全球价值链后向关联总体减少，而与区域内的全球价值链后向关联呈现小幅增长的态势，且与两者关联的差距逐年增大，这说明东盟在需求端更多地以区域化的方式参与全球价值链。

日本和韩国与区域外的全球价值链后向关联始终强于与区域内的关联，这说明日本和韩国在需求端更多地以全球化的方式参与全球价值链，它们更多地从区域外进口原材料或中间品，其中，日本与北美和欧洲地区的全球价值链后向关联相差无几，而韩国与欧洲地区的全球价值链后向关联更强。从演变趋势来看，日本与区域外的全球价值链后向关联呈现波动上升的态势，而与区域内的关联2017年来有所下降；韩国对区域外和区域内的全球价值链后向关联均在2013年以来有显著下降。澳大利亚和新西兰与区域外的全球价值链后向关联呈现小幅下降的态势，但它们与亚洲地区的全球价值链后向关联则呈现小幅增长的态势，这说明他们越来越多地从亚洲地区进口原材料或中间品。

图6.6展示了1995～2018年亚洲、北美及欧洲全球三大区域之间的全球价值链后向关联演变趋势。可以看出，三个地区与区域内和区域外的全球价值链后向关联度演变趋势存在较大的差异。其中，亚洲与区域外的全球价值链后向关联显著高于与区域内的关联，且金融危机爆发以后两者之间的差距变得更大，这说明亚洲地区更多地从区域外进口原材料或中间品，特别是从欧洲地区，即亚洲在需求端更多地以全球化的方式参与全球价值链。北美与区域外的全球价值链后向关联远高于与区域内的关联，这说明北美地区更多地从区域外进口原材料或中间品，即北美在需求端也更多地以全球化的方式参与全球价值链，且金融危机爆发以来，其与亚洲地区的全球价值链后向关联显著高于与欧洲地区的关联。欧洲与区域内的全球价值链后向关联显著高于与区域外的关联，这说明欧洲在需求端更多地以区域化的方式参与全球价值链，但自金融危机爆发以来，其与两者关联度的差距有所减小，这主要是由于其与区域外的全球价值链后向关联增速快于与区域内的后向关联增速，这显著提升了其与亚洲地区的全球价值链后向关联。总体而言，金融危机的爆发也显著改变了全球三大区域间的全球价值链后向关联，进而从需求端重构了全球价值链的布局，主要是亚洲地区减少了与北美和欧洲地区的全球价值链后向关联，而北美和欧洲地区却显著增加了与亚洲地区的全球价值链后向关联，这种演变使得亚洲地区逐渐成为全球三大区域的主要供应方，增强了亚洲地区在全球供给市场的重要性。

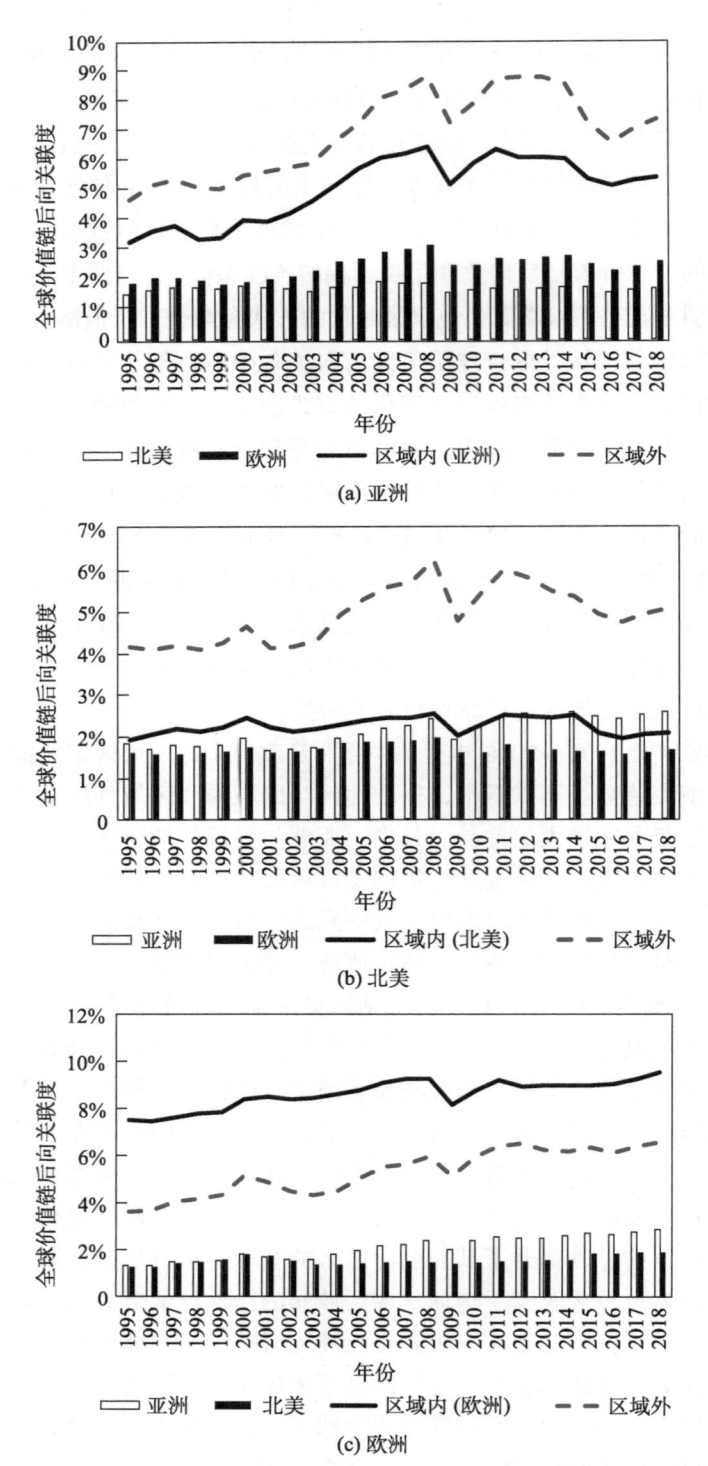

图 6.6 1995~2018 年全球三大区域之间的全球价值链后向关联度演变

## 6.4 RCEP 的福利效应及其对全球价值链的重构影响

### 6.4.1 RCEP 的贸易和福利效应

RCEP 关税削减将释放巨大的贸易创造效应。RCEP 显著降低了成员经济体之间的贸易成本，提高了成员之间的贸易水平，绝大多数成员之间的双边贸易大幅上升。首先，中国、日本、韩国三国之间的贸易将显著增加。根据模型测算，当 RCEP 成员间关税全部降为 0 时，中国从日本、韩国的进口将分别增加 29.14%和 21.70%，日本从中国、韩国的进口将分别增加 17.61%和 38.83%，韩国从中国、日本的进口则分别增加 33.85%和 58.62%。

其次，东盟国家与中国、韩国之间及部分东盟成员之间的贸易增加将尤其突出。中国、韩国从东盟国家的进口比中国、日本、韩国之间的贸易增加将更为突出，中国将大幅增加对文莱和印度尼西亚的进口，当 RCEP 成员间关税全部降为 0 时，较 2019 年将分别增长 106.57%和 109.75%，从柬埔寨、马来西亚、菲律宾、泰国、越南的进口也将分别增长 54.89%、64.37%、46.06%、56.58%、50.74%。当 RCEP 成员间关税全部降为 0 时，韩国也将大幅提升对文莱、印度尼西亚、柬埔寨、马来西亚、菲律宾和泰国的进口，较 2019 年增长率分别为 105.49%、118.79%、89.52%、94.37%、175.91%和 122.99%。当 RCEP 成员间关税全部降为 0 时，日本从东盟国家的进口增加得不如中国和韩国显著，这主要是因为日本对东盟国家的进口关税已处于较低水平。当 RCEP 成员间关税全部降为 0 时，部分东盟成员之间的贸易也将显著增加。比如，印度尼西亚大幅增加了对柬埔寨、新加坡和越南的进口，较 2019 年增长率分别为 144.43%、90.51%和 111.46%；泰国从印度尼西亚、柬埔寨、越南的进口较 2019 年将分别增加 91.41%、104.60%和 166.13%；越南从文莱、印度尼西亚、柬埔寨、马来西亚、菲律宾和泰国的进口都将大幅增长，较 2019 年增长率分别为 166.88%、103.03%、115.42%、97.91%、82.07%和 99.25%。

测算结果还显示，少数经济体之间的贸易将有所下降。澳大利亚从东盟各国的进口都出现一定下降，新加坡从不少 RCEP 成员国的进口都有所下降，这主要是由贸易转移所致。以新加坡为例进行说明，新加坡已基本实现零关税，零关税成本使得新加坡具有显著的贸易优势，当 RCEP 成员国的关税都削减至 0 时，新加坡在关税政策上将不再具有相对比较优势，贸易转移产生，因此新加坡的贸易将有所下降。

福利效应方面，RCEP 关税削减将提升所有成员国的实际工资和福利水平，部分东盟小体量经济体的工资和福利水平将显著上升，中国、日本等较大体量经济体福利水平上升有限。RCEP 成员之间货物贸易关税的减让提升了所有成员的福利与实际工资，且随着关税减让力度的不断加大，RCEP 执行对成员的福利效应逐渐增加。福利水平指实际收入，包括劳动报酬收入、关税收入和贸易盈余三部分。在 RCEP 生效实施的第 1 年、第 5 年、第 10 年、第 20 年及关税全降为 0 之后，中国实际工资将因关税下降分别上升 0.03%、0.07%、0.13%、0.27%和 0.36%，福利水平将分别上升 0.08%、0.12%、0.15%、0.19%和 0.26%。日本的福利水平在这 5 种情形下分别上升 0.03%、0.06%、0.15%、0.19%和 0.28%，韩国的福利水平则分别上升 0.08%、0.06%、0.13%、0.23%和 3.28%。相较于中国、日本、韩国等大体量经济体，越南、柬埔寨、新加坡、马来西亚等小体量经济体的福利水平上升更为显著。在 RCEP 生效实施的第 1 年、第 5 年、第 10 年、第 20 年及关税全降为 0 之后，越南的福利水平将分别上升 9.55%、11.69%、13.79%、14.97%和 15.63%，柬埔寨的福利水平则将分别上升 4.79%、5.65%、6.78%、7.24%和 8.54%。

福利效应可以进一步分解为贸易条件效应（出口价格相对进口价格的变化）和贸易量效应，测算结果显示，贸易量效应对 RCEP 各成员国的福利水平上升都产生了正向贡献，而贸易条件的变化则对部分成员为正向贡献，其他成员（中国、韩国、菲律宾、泰国）为负向贡献，这说明成员国之间贸易量的增加是各成员福利改善的主要原因，而且有的经济体的贸易条件将改善，有的则会恶化。

一个国家贸易条件的变化取决于出口价格和进口价格的相对变化，进口价格一般会随着关税的减让而下降，出口价格取决于生产成本，生产成本由工资水平、进口中间投入品价格和产业关联等综合因素决定。测算结果显示，所有成员国的工资水平都将提升，工资上升会提高出口价格。另外，进口中间投入品价格会因关税减让而出现下降，进而降低出口价格，且降低的效应会通过产业关联进行传导。综合这两方面的影响，某个经济体出口价格与进口价格的比值可能上升，也可能下降，因此，尽管所有成员国的福利水平都上升，但有的成员贸易条件改善，有的则会恶化。

从行业层面来看，贸易条件的变化主要由少数几个行业决定。以 RCEP 成员间关税全部降为 0 为例，中国电气机械设备制造业解释了贸易条件恶化的 60.2%；韩国的电气机械设备制造业、化学及医药制品业、橡胶和塑料制造业总共解释了贸易条件恶化的 59.2%；泰国的运输设备制造业解释了贸易条件恶化的 99.0%；澳大利亚、文莱、印度尼西亚和马来西亚的采掘业分别为贸易条件改善贡献了 38.2%、124.8%、29.1%和 126.7%；日本和新加坡的电气机械设备制造业分别为贸易条件改善贡献了近 50%；柬埔寨和越南的纺织及服装业分别为贸易条件改善贡献了 57.9%和 38.9%；新西兰的农业为贸易条件改善贡献了 41.2%；菲律宾的运输设备制造业为贸易条件改善贡献了 296.1%。

类似地，贸易量的变化也往往主要由少数几个行业决定。中国的农业、焦炭和精炼石油行业分别为贸易量的增加贡献了 21.4%和 28.5%；澳大利亚的食品制造业和化工及医药制品业分别为贸易量的增加贡献了 21.6%和 23.0%；文莱的采掘业和计算机电子光学设备制造业为贸易量的增加分别贡献了 196.3%和 121.6%；印度尼西亚的食品制造业和化工及医药制品业分别为贸易量的增加贡献了 23.5%和 21.4%；日本的农业和纺织及服装业分别为贸易量的增加贡献了 29.5%和 24.9%；柬埔寨的纺织及服装业为贸易量的增加贡献了 25.0%；韩国、新西兰和泰国的农业分别为贸易量的增加贡献了 88.2%、31.1%和 41.3%；菲律宾的农业和运输设备制造业分别为贸易量的增加贡献了 34.6%和 45.8%；越南的焦炭和精炼石油行业为贸易量的增加贡献了 25.5%。

## 6.4.2　RCEP 对全球价值链参与深度的影响

表 6.1 展示了 RCEP 成员将其双边关税削减至关税承诺表中 RCEP 实施第 1 年、第 5 年、第 10 年、第 20 年的关税及关税全部降为 0 后，各地区全球价值链参与度的变化量。首先，RCEP 关税削减显著提升了各成员的全球价值链参与度，且关税削减力度越大对全球价值链参与度的提升作用越大。特别地，其对复杂全球价值链参与度的提升作用显著高于简单全球价值链参与度，这主要是因为复杂全球价值链活动涉及生产要素的多次跨境，使得其对贸易成本的变动更加敏感，贸易成本的小幅变动会通过全球生产网络的叠加与扩散效应放大其影响。Antràs 和 de Gortari（2020）指出全球价值链的快速发展使得一个产品的生产需要通过多次跨境来完成，这使得国际分工模式对贸易成本的变化更加敏感。

表 6.1　RCEP 对各地区全球价值链参与度的影响

| GVC 参与度 | | 中国 | 日本 | 韩国 | 东盟 | 澳大利亚 | 新西兰 | 亚洲 | 北美 | 欧洲 | 世界 |
|---|---|---|---|---|---|---|---|---|---|---|---|
| RCEP 实施第 1 年的关税 | 前向 | 0.261% | 0.218% | 0.266% | 2.504% | 0.361% | 0.162% | 0.528% | 0.028% | 0.049% | 0.262% |
| | 简单 | 0.101% | 0.080% | 0.058% | 0.991% | −0.083% | 0.008% | 0.180% | −0.003% | −0.011% | 0.054% |
| | 复杂 | 0.160% | 0.138% | 0.208% | 1.513% | 0.444% | 0.154% | 0.348% | 0.031% | 0.060% | 0.207% |
| | 后向 | 0.348% | 0.158% | 0.722% | 3.258% | 0.133% | 0.104% | 0.656% | 0.028% | 0.037% | 0.262% |
| | 简单 | 0.070% | 0.035% | 0.201% | 0.748% | 0.007% | 0.020% | 0.145% | −0.003% | 0.003% | 0.054% |
| | 复杂 | 0.277% | 0.123% | 0.521% | 2.510% | 0.125% | 0.084% | 0.511% | 0.032% | 0.034% | 0.207% |
| RCEP 实施第 5 年的关税 | 前向 | 0.322% | 0.398% | 0.375% | 2.735% | 0.426% | 0.226% | 0.629% | 0.037% | 0.058% | 0.310% |
| | 简单 | 0.126% | 0.186% | 0.094% | 1.091% | −0.096% | 0.029% | 0.221% | −0.003% | −0.015% | 0.068% |
| | 复杂 | 0.196% | 0.212% | 0.282% | 1.644% | 0.522% | 0.197% | 0.407% | 0.040% | 0.072% | 0.242% |
| | 后向 | 0.459% | 0.235% | 0.973% | 3.578% | 0.154% | 0.145% | 0.779% | 0.031% | 0.040% | 0.310% |
| | 简单 | 0.108% | 0.070% | 0.293% | 0.814% | 0.008% | 0.023% | 0.183% | −0.005% | 0.002% | 0.068% |
| | 复杂 | 0.351% | 0.165% | 0.679% | 2.765% | 0.147% | 0.122% | 0.597% | 0.036% | 0.038% | 0.242% |

续表

| GVC 参与度 | | | 中国 | 日本 | 韩国 | 东盟 | 澳大利亚 | 新西兰 | 亚洲 | 北美 | 欧洲 | 世界 |
|---|---|---|---|---|---|---|---|---|---|---|---|---|
| RCEP实施第10年的关税 | 前向 | | 0.464% | 0.789% | 1.268% | 3.126% | 0.575% | 0.339% | 0.886% | 0.061% | 0.080% | 0.431% |
| | | 简单 | 0.184% | 0.411% | 0.579% | 1.224% | −0.125% | 0.060% | 0.328% | −0.002% | −0.022% | 0.102% |
| | | 复杂 | 0.281% | 0.377% | 0.689% | 1.901% | 0.700% | 0.279% | 0.557% | 0.063% | 0.102% | 0.329% |
| | 后向 | | 0.830% | 0.424% | 1.620% | 4.048% | 0.199% | 0.216% | 1.087% | 0.042% | 0.049% | 0.431% |
| | | 简单 | 0.235% | 0.158% | 0.491% | 0.903% | 0.008% | 0.028% | 0.280% | −0.010% | −0.001% | 0.102% |
| | | 复杂 | 0.595% | 0.266% | 1.129% | 3.146% | 0.191% | 0.188% | 0.808% | 0.052% | 0.050% | 0.329% |
| RCEP实施第20年的关税 | 前向 | | 0.551% | 1.061% | 1.459% | 3.336% | 0.652% | 0.390% | 1.021% | 0.074% | 0.094% | 0.495% |
| | | 简单 | 0.221% | 0.596% | 0.661% | 1.316% | −0.140% | 0.070% | 0.391% | −0.002% | −0.026% | 0.122% |
| | | 复杂 | 0.331% | 0.466% | 0.798% | 2.019% | 0.791% | 0.321% | 0.630% | 0.076% | 0.120% | 0.372% |
| | 后向 | | 1.015% | 0.611% | 1.855% | 4.299% | 0.216% | 0.252% | 1.253% | 0.045% | 0.052% | 0.495% |
| | | 简单 | 0.314% | 0.221% | 0.541% | 0.957% | 0.009% | 0.035% | 0.337% | −0.012% | −0.003% | 0.122% |
| | | 复杂 | 0.701% | 0.390% | 1.313% | 3.342% | 0.206% | 0.217% | 0.916% | 0.057% | 0.055% | 0.372% |
| RCEP成员间关税全部降为0 | 前向 | | 0.767% | 1.418% | 2.679% | 4.023% | 0.813% | 1.167% | 1.398% | 0.111% | 0.132% | 0.685% |
| | | 简单 | 0.318% | 0.784% | 1.402% | 1.637% | −0.191% | 0.644% | 0.550% | −0.005% | −0.038% | 0.174% |
| | | 复杂 | 0.448% | 0.634% | 1.278% | 2.386% | 1.004% | 0.523% | 0.848% | 0.116% | 0.170% | 0.511% |
| | 后向 | | 1.456% | 1.055% | 3.321% | 5.106% | 0.349% | 1.035% | 1.740% | 0.047% | 0.058% | 0.685% |
| | | 简单 | 0.458% | 0.373% | 1.131% | 1.085% | 0.020% | 0.190% | 0.484% | −0.024% | −0.011% | 0.174% |
| | | 复杂 | 0.999% | 0.681% | 2.190% | 4.020% | 0.328% | 0.845% | 1.256% | 0.071% | 0.069% | 0.511% |

分 RCEP 成员来看，RCEP 关税削减对东盟地区的全球价值链参与度提升作用最为显著，且对其复杂全球价值链后向参与度的提升作用略大于复杂全球价值链前向参与度。若 RCEP 成员间的关税降至协定执行第 1 年的关税，东盟地区的全球价值链后向参与度和前向参与度将分别提升 3.258%和 2.504%，这分别是 2018 年东盟地区全球价值链后向参与度增量（1.182%）和前向参与度增量（0.593%）的三倍和四倍左右。这说明 RCEP 关税削减从需求端和供给端大幅提升了东盟地区的全球价值链参与度，使得东盟地区不仅有机会进口更多原材料或中间品，而且也有机会出口更多原材料或中间品。对中国和韩国的全球价值链参与度提升也较为显著，同样对全球价值链后向参与度的提升作用较大。若 RCEP 成员间的关税降至协定执行第 1 年的关税，中国的全球价值链后向参与度和前向参与度将分别提升 0.348%和 0.261%，韩国的 GVC 后向参与度和前向参与度将分别提升 0.722% 和 0.266%；若 RCEP 成员间的关税全部降为 0 时，中国的全球价值链后向参与度和前向参与度将分别提升 1.456%和 0.767%，韩国的全球价值链后向参与度和前向参与度将分别提升 3.321%和 2.679%。结合中国和韩国近年来的全球价值链参与度演变趋势来看，RCEP 关税削减将改善两国全球价值链参与度下降的趋势，从需求端和供给端共同促进两国参与全球化分工的程度。对日本、澳大利亚和新西兰

的全球价值链参与度也有较大的提升,但对它们的全球价值链前向参与度的提升作用更大,随着关税削减力度的不断增大,对全球价值链参与度的提升作用也越大。结合这些国家近年来的全球价值链参与度演变趋势来看,RCEP 关税削减将进一步加深日本和澳大利亚参与全球化分工的程度,同时改善了新西兰全球价值链参与度下降的趋势。

从亚洲、欧洲和北美三大区域来看,RCEP 关税削减对亚洲全球价值链参与度的提升作用最大,若 RCEP 成员间的关税降至协定执行第 1 年的关税,亚洲地区的全球价值链前向参与度和后向参与度将分别提升 0.528%和 0.656%;若 RCEP 成员间的关税全部降为 0 时,亚洲地区的全球价值链前向参与度和后向参与度将分别提升 1.398%和 1.740%。结合亚洲地区近年来全球价值链参与度逐渐递增的趋势,说明 RCEP 关税削减将进一步加深亚洲地区参与全球价值链程度。由于全球三大区域间的全球价值链关联,RCEP 带来的贸易便利化影响也传导至北美和欧洲地区,进一步加深了北美和欧洲地区参与全球价值链的程度。整体而言,RCEP 关税削减显著提升了世界的全球价值链参与度,特别是复杂全球价值链参与度。若 RCEP 成员间的关税降至协定执行第 1 年的关税,世界的全球价值链参与度将提升 0.262%,该数值相当于金融危机爆发以来世界全球价值链参与度的年平均增量 0.100%的 3 倍左右,其中,复杂全球价值链参与度将提升 0.207%。随着 RCEP 成员间关税的不断削减,其对世界全球价值链参与度的促进作用将在 0.310%~0.685%,这说明 RCEP 关税削减将促进全球价值链的生产分工,改善部分经济体金融危机爆发以来全球价值链参与度下降的局面。

本章以 RCEP 成员间关税降至协定中第 1 年的关税为例展示了 RCEP 关税削减后,各地区不同行业全球价值链参与度的变化量(表 6.2)。首先,RCEP 关税削减将显著提升 RCEP 成员采掘业、纺织服装业、农业及食品加工与制造业等行业的全球价值链参与度。其中,所有 RCEP 成员在采掘业中的全球价值链前向参与度提升作用最大,这表明 RCEP 关税削减将增加 RCEP 成员对采掘业产品的供应。在其余三个行业,中国、日本、韩国、东盟(除纺织服装业外)和新西兰(除食品加工与制造业外)的全球价值链后向参与度提升作用更大,这表明 RCEP 关税削减将增加这些经济体对这些行业产品的需求;而澳大利亚的全球价值链前向参与度提升更大,这表明 RCEP 关税削减将增加澳大利亚对这些行业产品的供应。其次,RCEP 关税削减也将在一定程度上提升金属制品业、化工行业、电子电气设备制造业和电力燃气供水业的全球价值链参与度。其中,中国、韩国和东盟在这些行业中的全球价值链后向参与度提升更高,而日本、新西兰(除电子电气设备制造业外)在这些行业中的全球价值链前向参与度提升更高。可以看出,中国、韩国、东盟与日本、澳大利亚和新西兰在贸易之间存在较强的互补性,RCEP 将

表 6.2 RCEP 实施第 1 年对各地区不同行业全球价值链参与度的影响

| GVC 参与度 | | 农业 | 采掘业 | 食品加工与制造业 | 纺织服装业 | 木材与印刷业 | 化工行业 | 金属制品业 | 电子电气设备制造业 | 运输设备制造业 | 电力燃气供水业 | 建筑业 | 服务业 |
|---|---|---|---|---|---|---|---|---|---|---|---|---|---|
| 中国 | 前向 | 0.128% | 1.662% | 0.135% | 0.162% | 0.202% | 0.307% | 0.332% | 0.222% | 0.071% | 0.259% | 0.001% | 0.113% |
| | 后向 | 0.302% | 1.158% | 0.321% | 0.646% | 0.389% | 0.702% | 0.421% | 0.458% | 0.330% | 0.602% | 0.425% | 0.162% |
| 日本 | 前向 | 0.082% | 2.885% | 0.073% | 0.208% | 0.176% | 0.650% | 0.528% | 0.297% | 0.116% | 0.320% | 0.010% | 0.149% |
| | 后向 | 0.161% | 0.595% | 0.149% | 0.306% | 0.158% | 0.239% | 0.150% | 0.166% | 0.224% | 0.155% | 0.220% | 0.069% |
| 韩国 | 前向 | 0.105% | 2.242% | 0.120% | 0.188% | 0.366% | 0.396% | 0.522% | 0.224% | 0.166% | 0.362% | 0.011% | 0.144% |
| | 后向 | 0.909% | -3.798% | 1.183% | 1.408% | 0.727% | 1.603% | 0.718% | 0.762% | 0.766% | 1.413% | 0.710% | 0.524% |
| 东盟 | 前向 | 1.674% | 11.183% | 0.782% | 3.517% | 1.612% | 1.799% | 2.002% | 1.307% | 0.597% | 2.059% | 0.197% | 1.075% |
| | 后向 | 3.299% | 8.584% | 3.683% | 3.217% | 2.316% | 2.227% | 2.819% | 1.793% | 2.008% | 3.460% | 4.243% | 2.132% |
| 澳大利亚 | 前向 | 0.524% | 0.698% | 0.222% | 0.246% | 0.174% | 0.353% | 0.460% | 0.388% | 0.166% | 0.300% | 0.124% | 0.177% |
| | 后向 | 0.156% | 0.370% | 0.191% | 0.196% | 0.187% | 0.390% | 0.196% | 0.179% | 0.195% | 0.144% | 0.171% | 0.066% |
| 新西兰 | 前向 | 0.068% | 1.980% | 0.294% | 0.035% | 1.107% | 0.178% | 0.185% | 0.024% | 0.038% | 0.189% | 0.033% | 0.094% |
| | 后向 | 0.122% | -0.380% | 0.128% | 0.185% | 0.108% | 0.097% | 0.136% | 0.157% | 0.129% | -0.026% | 0.196% | 0.055% |
| 亚洲 | 前向 | 0.451% | 4.163% | 0.250% | 0.857% | 0.395% | 0.562% | 0.482% | 0.337% | 0.145% | 0.476% | 0.028% | 0.233% |
| | 后向 | 0.849% | 2.931% | 0.986% | 1.200% | 0.651% | 0.784% | 0.677% | 0.588% | 0.547% | 0.704% | 0.791% | 0.393% |
| 北美 | 前向 | 0.042% | 0.291% | 0.017% | 0.006% | 0.080% | 0.114% | 0.128% | 0.112% | -0.009% | 0.036% | 0.006% | 0.035% |
| | 后向 | 0.058% | 0.021% | 0.090% | 0.171% | 0.072% | 0.044% | 0.088% | 0.118% | 0.113% | 0.023% | 0.101% | 0.028% |
| 欧洲 | 前向 | -0.101% | 0.406% | 0.011% | -0.049% | 0.026% | 0.129% | 0.151% | 0.058% | 0.034% | 0.071% | 0.020% | 0.059% |
| | 后向 | 0.057% | -0.064% | 0.092% | 0.171% | 0.080% | 0.059% | 0.109% | 0.131% | 0.136% | 0.025% | 0.085% | 0.033% |
| 世界 | 前向 | 0.300% | 2.330% | 0.158% | 0.615% | 0.249% | 0.372% | 0.364% | 0.243% | 0.081% | 0.296% | 0.027% | 0.133% |
| | 后向 | 0.526% | 1.102% | 0.545% | 0.875% | 0.315% | 0.367% | 0.415% | 0.428% | 0.334% | 0.387% | 0.546% | 0.175% |

注：为方便展示，将 OECD 数据库原始投入产出表中 45 个部门合并成了 12 个部门。

通过降低贸易壁垒更好地促进各成员之间的互联互通。再次，RCEP 关税削减对运输设备制造业及服务业的全球价值链参与度提升作用相对较小。前者较小的主要原因是 RCEP 成员在运输设备制造业的关税削减率要远低于农业、食品加工与制造业及纺织服装业等行业，而后者较小是由于本章主要考察的是 RCEP 中货物贸易关税削减带来的影响，因此对服务业全球价值链参与度的影响主要是基于货物贸易与服务贸易的全球价值链关联得出的，若同时考虑 RCEP 在服务贸易中带来的贸易便利化影响，RCEP 成员在服务业中全球价值链参与度的提升量要高于当前数值。整体而言，RCEP 关税削减将主要提升成员在采掘业、纺织服装业、食品加工与制造业、农业等劳动密集型和资本密集型行业中的全球价值链参与度，而对在电子电气设备制造业、运输设备制造业等技术密集型的全球价值链参与度提升作用较小。

### 6.4.3  RCEP 对全球价值链参与广度的影响

表 6.3 展示了 RCEP 成员将其双边关税削减至关税承诺表中 RCEP 实施第 1 年、第 5 年、第 10 年、第 20 年的关税及将关税全部降为 0 后，区域间 GVC 前向关联度的变化量。从 RCEP 成员来看，RCEP 关税削减显著增强了中国、日本、韩国和东盟与区域内的 GVC 前向关联，同时，中国和韩国也在一定程度上提升了与区域外的关联，而日本与区域外关联的提升程度较低，东盟则减弱了其与区域外的 GVC 前向关联。具体而言，若 RCEP 成员将关税降至协定执行第 1 年的关税，中国、日本、韩国和东盟与区域内的 GVC 前向关联度将分别提升 0.183%、0.211%、0.221% 及 2.524%，而其与区域外的 GVC 前向关联则分别变动 0.039%、0.003%、0.037% 及 −0.123%，且随着削减关税力度越大，其与区域内的关联度提升越高。结合这些经济体当前与区域内和区域外的 GVC 前向关联度变动趋势来看，RCEP 关税削减将进一步促使这些经济体在供给端以更加区域化的方式参与全球价值链。RCEP 关税削减将显著提升澳大利亚和新西兰与区域外的 GVC 前向关联，主要是提升与亚洲地区的 GVC 前向关联，而与北美和欧洲地区的关联则有小幅提升或减小。随着 RCEP 成员间关税的不断削减至 RCEP 实施第 20 年，澳大利亚和新西兰与亚洲地区的 GVC 前向关联度提升幅度在 0.357%～0.655% 和 0.176%～0.423%。

从亚洲、欧洲和北美三大区域来看，RCEP 关税削减对亚洲地区的全球价值链前向关联度影响最大，其将显著提升亚洲与区域内的全球价值链前向关联，提升幅度在 0.483%～0.943%，同时也将在一定程度上增强亚洲地区与区域外的 GVC 前向关联，提升幅度在 0.013%～0.015%。结合亚洲地区当前的 GVC 前向关联度演变趋势来看，RCEP 关税削减将使得亚洲地区与区域内的 GVC 前向关联度大幅

表 6.3 RCEP 对区域间 GVC 前向关联度的影响

| 前向关联 | | 中国 | 日本 | 韩国 | 东盟 | 澳大利亚 | 新西兰 | 亚洲 | 北美 | 欧洲 | 世界 |
|---|---|---|---|---|---|---|---|---|---|---|---|
| RCEP实施第1年的关税 | 亚洲 | 0.183% | 0.211% | 0.221% | 2.524% | 0.357% | 0.176% | 0.483% | 0.027% | 0.045% | 0.187% |
| | 北美 | 0.016% | −0.002% | 0.010% | −0.048% | 0.004% | −0.009% | 0.004% | 0.000% | −0.001% | −0.084% |
| | 欧洲 | 0.014% | 0.000% | 0.009% | −0.055% | −0.004% | −0.005% | 0.004% | 0.000% | 0.003% | −0.069% |
| | 区域内 | 0.183% | 0.211% | 0.221% | 2.524% | | | 0.483% | 0.000% | 0.003% | |
| | 区域外 | 0.039% | 0.003% | 0.037% | −0.123% | 0.357% | 0.162% | 0.015% | 0.028% | 0.045% | |
| RCEP实施第5年的关税 | 亚洲 | 0.226% | 0.386% | 0.311% | 2.782% | 0.424% | 0.244% | 0.578% | 0.037% | 0.054% | 0.226% |
| | 北美 | 0.018% | −0.003% | 0.015% | −0.060% | 0.005% | −0.010% | 0.003% | −0.001% | −0.001% | −0.102% |
| | 欧洲 | 0.016% | −0.001% | 0.012% | −0.067% | −0.006% | −0.007% | 0.003% | 0.000% | 0.003% | −0.085% |
| | 区域内 | 0.226% | 0.386% | 0.311% | 2.782% | | | 0.578% | −0.001% | 0.003% | |
| | 区域外 | 0.044% | 0.004% | 0.052% | −0.155% | 0.422% | 0.226% | 0.014% | 0.038% | 0.054% | |
| RCEP实施第10年的关税 | 亚洲 | 0.324% | 0.772% | 1.142% | 3.206% | 0.574% | 0.364% | 0.815% | 0.062% | 0.079% | 0.324% |
| | 北美 | 0.024% | −0.006% | 0.036% | −0.073% | 0.005% | −0.013% | 0.005% | −0.002% | −0.002% | −0.145% |
| | 欧洲 | 0.019% | −0.003% | 0.023% | −0.083% | −0.008% | −0.009% | 0.002% | 0.000% | 0.002% | −0.122% |
| | 区域内 | 0.324% | 0.772% | 1.142% | 3.206% | | | 0.815% | −0.002% | 0.002% | |
| | 区域外 | 0.057% | 0.003% | 0.092% | −0.194% | 0.570% | 0.339% | 0.015% | 0.063% | 0.077% | |
| RCEP实施第20年的关税 | 亚洲 | 0.388% | 1.038% | 1.336% | 3.443% | 0.655% | 0.423% | 0.943% | 0.076% | 0.094% | 0.378% |
| | 北美 | 0.027% | −0.007% | 0.031% | −0.083% | 0.004% | −0.016% | 0.004% | −0.003% | −0.003% | −0.169% |
| | 欧洲 | 0.021% | −0.003% | 0.020% | −0.094% | −0.010% | −0.011% | 0.001% | 0.000% | 0.001% | −0.143% |
| | 区域内 | 0.388% | 1.038% | 1.336% | 3.443% | | | 0.943% | −0.003% | 0.001% | |
| | 区域外 | 0.062% | 0.005% | 0.084% | −0.222% | 0.646% | 0.390% | 0.013% | 0.077% | 0.092% | |
| RCEP成员间关税全部降为0 | 亚洲 | 0.567% | 1.390% | 2.470% | 4.194% | 0.854% | 1.342% | 1.307% | 0.114% | 0.137% | 0.539% |
| | 北美 | 0.024% | −0.015% | 0.049% | −0.115% | −0.010% | −0.054% | −0.004% | −0.006% | −0.006% | −0.244% |
| | 欧洲 | 0.020% | −0.009% | 0.029% | −0.126% | −0.032% | −0.041% | −0.006% | 0.000% | −0.002% | −0.207% |
| | 区域内 | 0.567% | 1.390% | 2.470% | 4.194% | | | 1.307% | −0.006% | −0.002% | |
| | 区域外 | 0.061% | −0.002% | 0.138% | −0.296% | 0.806% | 1.166% | 0.004% | 0.118% | 0.133% | |

反超与区域外的关联度，显著重构亚洲地区在全球价值链地理位置上的布局，使得亚洲地区在供给端转变为以区域化为主的方式参与全球价值链。进一步地，若 RCEP 成员间的关税全部降为 0，其对亚洲地区与区域内的全球价值链前向关联的提升幅度将达到 1.307%，而对亚洲地区与区域外的全球价值链前向关联的提升幅度则降至 0.004%。RCEP 关税削减对北美和欧洲地区的全球价值链前向关联的影响则相对较小，其主要是增强了北美和欧洲与区域外（主要是亚洲地区）的全球价值链前向关联，增量分别在 0.028%～0.077% 和 0.045%～0.092%，而对其与区域内的全球价值链前向关联有较小的负面或正面影响。结合北美和欧洲当前全球价值链前向关联演变趋势来看，RCEP 关税削减将进一步促进北美地区在供给端以全球化为主参与全球价值链，同时缩小欧洲地区与区域内和区域外全球价值链

前向关联的差距。整体而言，RCEP 关税削减使得全球价值链在供给端以更加区域化的路径发展，主要是亚洲地区的价值链区域化程度有明显提升。此外，RCEP 关税削减还将显著增强世界与亚洲地区的全球价值链前向关联而减弱世界与北美和欧洲地区的全球价值链前向关联，这表明 RCEP 的实施将进一步激发亚洲地区巨大的市场潜力，再次提升亚洲地区的全球价值链需求侧的重要性。

表 6.4 展示了 RCEP 成员将其双边关税削减至关税承诺表中 RCEP 实施第 1 年、第 5 年、第 10 年、第 20 年的关税及将关税全部降为 0 后，区域间全球价值链后向关联度的变化量。从 RCEP 成员来看，同样地，RCEP 关税削减将显著提升中国、日本、韩国及东盟与区域内的全球价值链后向关联，提升幅度分别在 0.276%~0.795%、0.081%~0.332%、0.675%~1.593%和 2.100%~2.849%，对澳大利亚和新西兰与亚洲地区全球价值链后向关联的提升幅度分别在 0.084%~0.133%和 0.061%~0.151%。对比对全球价值链前向关联度的影响来看，RCEP 关税削减对中国和韩国与区域内的全球价值链后向关联度提升作用更大，而对日本、东盟、澳大利亚及新西兰与区域内的全球价值链前向关联度提升作用更大，这说明 RCEP 关税削减将主要促进中国和韩国从亚洲进口更多原材料或中间品，而主要促进日本、东盟、澳大利亚和新西兰向亚洲提供更多原材料或中间品。此外，尽管中国和韩国与区域外的全球价值链后向关联有所增强，但其与北美和欧洲的全球价值链后向关联则均有小幅提升或下降，这表明随着 RCEP 关税的削减，中国和韩国对北美和欧洲地区的原材料或中间品进口将有所减少。结合 RCEP 成员的全球价值链后向关联演变趋势来看，RCEP 关税削减将使得 RCEP 中的亚洲成员国在需求端以更加区域化的方式参与全球价值链，使得澳大利亚和新西兰在需求端以更加全球化的方式参与全球价值链，且对需求端区域化的推动作用更大。

从三大区域来看，RCEP 关税削减仍将更加显著地提升亚洲地区与区域内的全球价值链后向关联，提升幅度在 0.463%~0.905%，而对亚洲地区与区域外的全球价值链后向关联的提升幅度仅在 0.163%~0.285%。对比全球价值链前向关联度的影响来看，亚洲地区与区域内的全球价值链前向关联度提升幅度更大，而与区域外的全球价值链后向关联度提升幅度更大，这说明 RCEP 关税削减使得亚洲地区在区域内提供更多原材料或中间品，而在区域外则消费更多原材料或中间品。结合亚洲地区当前的全球价值链后向关联度演变趋势来看，RCEP 关税削减将使得亚洲地区在消费端参与全球价值链的路径更加区域化。RCEP 关税削减对北美和欧洲地区的全球价值链后向关联的影响则相对较小，其主要是将增强北美和欧洲与区域外（主要是亚洲地区）的全球价值链后向关联，增量分别在 0.022%~0.040%和 0.026%~0.041%，而对其与区域内的全球价值链前向关联有较小的负面或正面影响。整体而言，RCEP 关税削减将使得全球价值链在需求端以更加区域化的路

表 6.4 RCEP 对区域间全球价值链后向关联度的影响

| 后向关联 | | 中国 | 日本 | 韩国 | 东盟 | 澳大利亚 | 新西兰 | 亚洲 | 北美 | 欧洲 | 世界 |
|---|---|---|---|---|---|---|---|---|---|---|---|
| RCEP实施第1年的关税 | 亚洲 | 0.276% | 0.081% | 0.675% | 2.100% | 0.084% | 0.061% | 0.463% | 0.022% | 0.026% | 0.128% |
| | 北美 | −0.002% | 0.020% | −0.029% | 0.018% | 0.012% | 0.015% | 0.008% | 0.000% | 0.000% | −0.084% |
| | 欧洲 | −0.009% | 0.017% | −0.030% | 0.056% | 0.009% | 0.014% | 0.010% | 0.000% | 0.003% | −0.067% |
| | 区域内 | 0.276% | 0.081% | 0.675% | 2.100% | | | 0.463% | 0.000% | 0.003% | |
| | 区域外 | 0.034% | 0.073% | 0.039% | 1.060% | 0.129% | 0.104% | 0.163% | 0.028% | 0.032% | |
| RCEP实施第5年的关税 | 亚洲 | 0.365% | 0.121% | 0.907% | 2.314% | 0.094% | 0.085% | 0.555% | 0.025% | 0.029% | 0.157% |
| | 北美 | 0.000% | 0.031% | −0.037% | 0.033% | 0.015% | 0.018% | 0.013% | −0.001% | 0.000% | −0.100% |
| | 欧洲 | −0.011% | 0.026% | −0.043% | 0.069% | 0.011% | 0.016% | 0.012% | 0.000% | 0.003% | −0.081% |
| | 区域内 | 0.365% | 0.121% | 0.907% | 2.314% | | | 0.555% | −0.001% | 0.003% | |
| | 区域外 | 0.045% | 0.107% | 0.055% | 1.163% | 0.150% | 0.145% | 0.189% | 0.032% | 0.035% | |
| RCEP实施第10年的关税 | 亚洲 | 0.648% | 0.224% | 1.442% | 2.650% | 0.121% | 0.129% | 0.783% | 0.036% | 0.038% | 0.230% |
| | 北美 | 0.011% | 0.057% | −0.031% | 0.051% | 0.019% | 0.025% | 0.026% | −0.002% | 0.001% | −0.138% |
| | 欧洲 | −0.008% | 0.045% | −0.046% | 0.080% | 0.014% | 0.021% | 0.018% | −0.001% | 0.002% | −0.115% |
| | 区域内 | 0.648% | 0.224% | 1.442% | 2.650% | | | 0.783% | −0.002% | 0.002% | |
| | 区域外 | 0.103% | 0.185% | 0.146% | 1.292% | 0.193% | 0.216% | 0.251% | 0.043% | 0.045% | |
| RCEP实施第20年的关税 | 亚洲 | 0.795% | 0.332% | 1.593% | 2.849% | 0.133% | 0.151% | 0.905% | 0.040% | 0.041% | 0.269% |
| | 北美 | 0.017% | 0.071% | −0.021% | 0.061% | 0.022% | 0.029% | 0.033% | −0.003% | 0.001% | −0.159% |
| | 欧洲 | −0.007% | 0.060% | −0.036% | 0.085% | 0.016% | 0.024% | 0.022% | −0.002% | 0.002% | −0.133% |
| | 区域内 | 0.795% | 0.332% | 1.593% | 2.849% | | | 0.905% | −0.003% | 0.002% | |
| | 区域外 | 0.124% | 0.260% | 0.224% | 1.343% | 0.210% | 0.252% | 0.285% | 0.047% | 0.049% | |
| RCEP成员间关税全部降为0 | 亚洲 | 1.103% | 0.604% | 2.828% | 3.409% | 0.211% | 0.576% | 1.252% | 0.046% | 0.049% | 0.379% |
| | 北美 | 0.037% | 0.104% | −0.088% | 0.089% | 0.038% | 0.104% | 0.051% | −0.005% | 0.002% | −0.223% |
| | 欧洲 | 0.001% | 0.093% | −0.065% | 0.106% | 0.035% | 0.095% | 0.033% | −0.004% | 0.002% | −0.189% |
| | 区域内 | 1.103% | 0.604% | 2.828% | 3.409% | | | 1.252% | −0.005% | 0.000% | |
| | 区域外 | 0.224% | 0.420% | 0.425% | 1.581% | 0.341% | 1.034% | 0.404% | 0.052% | 0.058% | |

径发展，主要是亚洲地区的价值链区域化程度有明显提升。此外，RCEP 关税削减还将显著增强世界与亚洲地区的全球价值链后向关联而减弱与北美和欧洲地区的全球价值链后向关联，这表明 RCEP 的实施将使得亚洲地区的商品在国际市场上更具竞争力，进而增强亚洲地区的全球价值链供给端的重要性。

类似地，我们也测算了 RCEP 关税削减对 RCEP 成员及全球三大区域不同行业全球价值链前向关联度与后向关联度的影响。在 RCEP 成员中，RCEP 关税削减将显著增强东盟与亚洲地区在各行业中的全球价值链前向关联，特别是在采掘业、纺织服装业、化工行业、金属制品业等，这表明东盟将为亚洲地区提供更多这些行业的产品。然而，却会在一定程度上减弱东盟与北美和欧洲地区在大多数行业中的关联度，特别是化工行业、木材与印刷业、电子电气设备制造业、金属制品业等，这表明东盟将对北美和欧洲地区减少这些行业产品的供应。对澳大利亚和新西兰的影响也类似，RCEP 关税削减将增强其与亚洲地区在各行业中的全球价值链前向关联，特别是采掘业、金属制品业、化工行业、电子电气设备制造业，而几乎在所有行业减弱其与北美和欧洲地区的关联度。对于日本和韩国而言，RCEP 关税削减将显著增强日本、韩国与亚洲地区在采掘业、化工行业、金属制品业、电子电气设备制造业、电力燃气供水业等行业中的全球价值链前向关联，而减弱在部分行业中国、日本、韩国与北美和欧洲地区的关联，如金属制品业、运输设备制造业等。然而，对于中国而言，RCEP 关税削减在增强中国与亚洲地区在各行业中全球价值链前向关联的同时，并未减弱其与北美和欧洲地区在各行业中的关联，即 RCEP 关税削减将同时增加中国在各行业中对亚洲、北美和欧洲地区的供应，这反映出 RCEP 带来的收益在全球价值链供给端主要通过中国传导至世界其他地区。分全球三大区域来看，RCEP 关税削减不仅将提升亚洲地区各行业与自身的全球价值链前向关联，特别是采掘业、纺织服装业、化工行业、金属制品业、电子电气设备制造业等，同时也将提升北美和欧洲地区在大多数行业中与亚洲地区的关联，这表明 RCEP 关税削减将激发亚洲市场巨大的消费潜力，进而增加对亚洲、北美和欧洲地区的需求。与此同时，亚洲、北美及欧洲将在绝大多数行业中小幅减弱与北美和欧洲地区的全球价值链前向关联。

RCEP 关税削减对全球价值链后向关联的影响与全球价值链前向关联存在明显差异。首先，RCEP 关税削减将显著增强东盟与亚洲地区在各行业中的全球价值链后向关联，特别是采掘业、建筑业、食品加工与制造业、农业、纺织服装业、电力燃气供水业、金属制品业等，但与此同时，其也将在绝大多数行业中（除电子电气设备制造业、运输设备制造业外）增强东盟与北美和欧洲地区的全球价值链后向关联，这表明 RCEP 关税削减将同时增加亚洲、北美和欧洲地区在这些行业中对东盟的供应。对日本、澳大利亚和新西兰与全球三大区域的全球价值链后向关联也呈现类似特征，即 RCEP 关税削减将同时增加全球三大区域对日本、澳大利亚和新西兰在绝大多数行业中的产品的供应。这表明 RCEP 带来的收益在全球价值链需求端主要通过东盟、日本、澳大利亚和新西兰传导至世界其他经济体。然而，RCEP 关税削减却使得中国和韩国各行业的产品来源地更加集中于亚洲地区，特别是采掘业、化工行业、纺织服装业、电子电气设备制造业等。分全球三大区域来看，RCEP 关税削减不仅将提升亚洲地区在各行业中与其自身的全球价值链后向关联，特别是采掘业、纺织服装业、食品加工与制造业、化工行业、农林牧渔业、建筑业等，同时也将提升北美和欧洲地区在大多数行业中与亚洲地区的全球价值链后向关联，这表明 RCEP 关税削减带来的亚太地区生产成本的下降，将吸引更多亚洲、北美和欧洲地区的消费需求。

## 6.5 RCEP 重构区域价值链给中国的启示与机遇

RCEP 的签署对亚太地区，特别是对深化东亚区域经贸合作具有深远的重要意义。在 RCEP 签署之前，RCEP 成员国之间已经有不少的双边贸易协定。比如，中国已经与韩国、新加坡、柬埔寨、新西兰和澳大利亚签署了双边自由贸易协定。RCEP 的签署有利于将在区域内的点对点双边贸易协定演变成网状协定，由此形成成员国的共同利益网络，任何一个国家都不会被排斥在自由贸易体系之外。区域网络中的贸易、投资、服务壁垒将进一步打破，降低生产成本，提升企业效率，提高人民的实际生活水平和收入。

本章的量化测算研究具有重要启示。首先，在当前全球化进程受阻、疫情全球蔓延、世界经济不确定性显著增加的背景下，RCEP 的实施将缓解当前日益严重的逆全球化现象，改善中国、韩国、东盟等经济体 GVC 参与度下降的局面。RCEP 成员应积极推进协定的全面落地，释放亚太地区经济一体化形成的巨大市场潜力，为成员国的经济发展创造更多机遇与动力以应对日益增加的全球经济不确定性。加入以经贸合作为主轴的 RCEP 对中国而言具有重要的创造效应和优化功能，各种制度型成本的下降将促进中国与成员国之间贸易和投资的创造，如原产地规则和技术性贸易壁垒等将会得到有效化解。贸易创造的溢出效应也有利于中国与成员国之间的产业合作和转型，进而实现产业结构的优化升级。

其次，RCEP 将使价值链向更加区域化的方向发展，尤其是亚洲区域价值链的深化发展，将进一步提升亚洲价值链在全球价值链中的重要性。中国作为亚洲价值链的核心之一，应依托 RCEP 带头打造优势互补、合作共赢、稳定高效的跨国产业链、供应链与价值链体系，为亚洲地区经贸稳定发展保驾护航的同时，加快构建国内国际双循环相互促进的新发展格局，助力中国在新时期构建开放型经济新体制。具体地，深化与日本、韩国、新加坡等经济体在高科技领域的合作，充分发挥各国优势，倾力打造成熟高效的技术密集型产业链；以劳动密集型产业向东盟等周边经济体转移为契机，促进国内企业向研发设计、品牌营销等价值链的两端升级，向东盟提供原料、设备、技术等，构建中国-东盟优势互补的劳动密集型产业链。

再次，RCEP 将通过降低贸易壁垒显著地促进 RCEP 成员之间的互联互通，但也将在一定程度上削弱部分成员与北美和欧洲地区之间的经贸关联。例如，RCEP 的实施将削弱中国与北美和欧洲的 GVC 后向关联。面对当前高度不确定的外部经贸环境，中国应继续推进更高水平的对外开放，促进多边贸易的健康发展，坚定外商投资企业对华投资信心。具体地，应积极推进中欧投资协定的落地，以进一步提升中国在欧洲乃至全球价值链中的参与度与贡献度，对冲中美贸易冲突及地缘政治冲突给中国对外经贸发展带来的不利影响。亚太区域内有多个区域贸易协定，东亚地区的中国、日本和韩国参与了 RCEP，日本曾牵头签署了 CPTPP，中国于 2021 年 9 月 16 日提交了正式申请加入 CPTPP 的书面信函。截至 2022 年，CPTPP 已包含新加坡、文莱、马来西亚和越南等四个东盟国家，而 RCEP 包含了东盟十国，这就使得三个协定之间的联系变得更加错综复杂。美国在特朗普上台后退出了《跨太平洋伙伴关系协定》（Trans-Pacific Partnership Agreement，TPP），日本便主导了 CPTPP 协定的谈判和签署。美国很可能会再次加入该协定，这也使得未来 CPTPP 的大国博弈将不断发生动态变化。面对复杂的多边形势，中国应进一步努力加入 CPTPP，以避免美欧等经济体利用 CPTPP、跨大西洋贸易与投资伙伴关系协定（Transatlantic Trade and Investment Partnership，TTIP）等大型区域自由贸易协定来遏制 RCEP 的实施效果。

  最后，本章测算主要考虑的是货物贸易关税壁垒下降带来的贸易和福利效应，尚未囊括跨境投资和服务贸易便利化等带来的潜在经济效应。RCEP 对跨境投资实行负面清单管理模式，并建立投资争端预防和外商投诉的协调解决机制，开放的力度更大。RCEP 的签署大幅降低了资本流动障碍，在巨大经济增长潜力的吸引下，国际资本将会加快向区域内集聚。此外，RCEP 还就知识产权保护和竞争政策做了具有较强可操作性的规定，力度远远超过 WTO 的相关条款，这些将会进一步刺激国际资本向区域内流动。中国凭借良好的基础设施、广阔的市场空间、雄厚的产业基础等完全可以在吸引国际资本方面迈上新台阶。

  RCEP 在服务贸易自由化方面取得重大突破，根据协议，服务贸易采取负面清单管理模式。日本、韩国、澳大利亚、新加坡、文莱等率先采用负面清单管理模式，中国、越南等七个国家采取正面清单管理模式，并要求协议签署六年内全面实施负面清单。大数据、云计算、物联网等数字技术在服务业领域的广泛应用，跨越了服务生产与消费不可分离的障碍，衍生出了众多服务新业态与新模式，以数据为核心生产要素、以现代信息网络为重要载体、以数字技术应用为主要特征的经济形态——数字经济蓬勃发展。数字经济与技术的快速发展将进一步降低国际贸易成本，促进专业化分工深入细化，进而拓展全球价值链分工的深度与广度，尤其是在高科技领域和服务业领域。近年来，全球价值链的服务化趋势越来越显著。亚太地区应抓紧这一发展机遇，依托 RCEP 尽早就数字经贸的合作发展达成一致，占领数字经贸的发展高地，着力提升技术密集型和服务型行业的 GVC 参与度与关联度，进一步稳固自身在全球价值链中的重要性。RCEP 推动的服务贸易自由化将与数字经济发展共同促进区域内服务贸易发展，而我国也可以利用超大规模市场和数字经济优势抓住此次机遇，实现服务贸易规模倍增，促进服务贸易结构优化。

# 第 7 章 中国产业调整趋势与升级策略

CHAPTER 7

中国未来产业结构变化趋势与中国工业化阶段及国内外环境变化密切相关。中国正经历由工业化中期向工业化后期过渡,再进一步向后工业化时期转变。不同的发展阶段,经济发展的动因、要素不同,经济增长目标和产业结构调整的任务也将随之发生显著的变化。一方面,中国发展的阶段性变化,无论是工业化水平和收入水平,还是比较优势,都在发生显著变化,导致决定产业结构的供给因素和需求结构具有新的特点;另一方面,全球化在深入推进数十年之后,面临着新的挑战,全球产业链加速重构,中国的外部环境不确定性巨大。产业转型升级,既要考虑产业链供应链的安全、顺畅,又要考虑增值和创新能力的提升。产业升级不是简单地增加某一类产业投资就能实现的,而是取决于制造业的加工深化、资本化、技术化和服务化,以及向价值链两端延伸,取决于劳动生产率的提高,取决于竞争重心由降低价格和提高市场占有率转向提高商品与服务的内在价值及价值占有率,最终提高居民收入和生活水平。多个发达经济体提升产业链、供应链发展水平的战略经验为我国产业升级提供了重要启示,我国要从国家战略层面高度重视产业链、供应链,从突破要素供给层面和市场需求层面约束着手,依赖市场和政府的协同力量,畅通内外循环,提升产业链、供应链现代化水平。

## 7.1 全球产业链加速重构下中国产业调整趋势

在市场、成本、竞争和政府等多重因素的综合影响下,全球产业链加速重构。从市场方面来看,全球需求的地理格局发生了明显变化,并将继续改变。早期需求市场以发达经济体为主导,21 世纪以来,发展中经济体在全球消费中的占比不断提升。根据麦肯锡报告,1995 年,发达经济体的消费占全球的比例为 81%,金融危机后,这一比例下降至 62%。发展中经济体的消费比重则快速攀升,2017 年,全球 38% 的消费来自发展中经济体,较 2007 年提高了 12 个百分点。随着中国和东南亚等发展中经济体的国民总收入进一步增长,预计发展中经济体的消费需求规模将进一步提高,并将吸引跨国企业围绕最终需求形成更多的产业集聚圈。从生产成本看,一方面,随着各国间劳动力成本相对价格的变化,劳动密集型产业或生产环节正在并将继续向人力成本更低的东南亚、南亚及非洲地区转移;另一方面,随着全球实际利率不断走低,资本成本相较劳动力价格下降,叠加自动化和人工智能等技术进步的作用,全球产业链呈现资本化、数字化发展态势。从竞争因素看,中国内资企业、民营企业在国内、国际市场的竞争力都已快速上升并将继续上升,外资企业在中国市场面临的竞争更激烈,这或将加快其调整国家间布局。从政府因素看,一方面,英国脱欧、中美经贸博弈、新冠疫情和俄乌军事冲突等重大事件使得国际经贸环境高度复杂化;另一方面,中国自主提升对外开放水平,两方面综合影响全球价值链重构。

在全球产业链加速调整重构的外部大环境下,中国产业调整趋势具有一些明显特征。

(1)中国经济增长由过去的高速增长转向中低速增长,工业化过程从工业化中期向后期转变。要素供给条件发生明显变化,推动经济增长由以要素驱动为主向以效率驱动和创新驱动为主转变。

中国经济规模已经非常庞大,无论是国内还是国际上的资源要素都难以支撑原有模式下的高速增长。中国处于工业化中期向工业化后期的过渡时期,根据国际经验,这一时期,工业结构将实现由以能源、原材料型重化工业为主导向以重加工业和技术密集型产业为主导的转变。

中近期是中国资源、能源需求快速增长的时期,继续按照传统的经济发展方式和工业化模式,能源、资源、土地和环境等将成为重要制约因素。这些制约因素将导致中国面临工业化成本显著上升的压力,这对中国产业结构摆脱过度依赖物质要素投入、加快转型升级提出了较为迫切的要求。

中国劳动力成本上升,劳动力供给出现转折,资本进一步深化,对中国加快技术进步、促进产业结构升级既提出了要求,也提供了一定条件。改革开放以来,中国经济快速增长充分享受到了人口红利,但是,当前,中国劳动力供给将进入转折时期,人口红利逐步消失。尽管中国已于2016年正式实施全面二孩政策,但2016年之后,新生人口数量连年下降。根据2019年国家统计局所公布的数据来看,中国60周岁及以上人口占总人口的18.1%,其中,65周岁及以上人口占总人口的12.6%。国际上的通常观点是当一个国家或地区60岁以上老年人口占人口总数的10%,或65岁以上老年人口占人口总数的7%,即意味着这个国家或地区的人口处于老龄化社会。中国已经进入老龄化社会,并且中国正处于一个老龄化逐渐加深的阶段。老龄化进程的加快会导致人口红利转变为人口负债。与此同时,中国劳动力的文化素质和受教育水平大幅度提高,人们的价值观念也更重视自身价值的实现，这无疑提高了劳动力的质量，也将影响我国劳动力的供求格局。

另外，从我国及其他国家的经验和产业经济理论来看，在工业化初始阶段，经济增长主要得益于投入增长加快。在工业化中期阶段，资本积累能力不断提高，技术进步对国民经济的贡献增大，全要素生产率的贡献增量增大。进入工业化后期，随着人力资本积累导致生产要素禀赋的提升，技术进步取代资本成为经济增长的主导力量。过去数十年，较大规模的人力资本投资和"干中学"效应，为中国产业转型升级提供了比较有利的人力资源储备，再加上走新型工业化道路，大力支持自主创新，中国将加速技术进步，为产业结构转型升级提供更多可能。经过改革开放数十年的发展，我国无论是产业规模，还是技术能力，提高都较快，具备了技术创新的市场需求和供给条件。

（2）三大产业将呈现第一产业比重继续下降，第二产业比重在稳定中逐渐下降，第三产业比重持续上升的态势。工业中重化工业比重下降，技术密集型产业比重上升，生产工序的技术含量深化。第三产业中生产性服务业和生活性服务业较快发展。

发达经济体都经历了工业化阶段到工业化后期和后工业化时期的转变。从中国产业结构特征来看，过去一段时期，中国经济的高速增长高度依赖投资和要素投入，国家分工高度依赖一般加工制造环节和加工贸易，由此决定了中国产业结构中第二产业比重较高，而第三产业比重偏低。要素供给方面，尽管中近期，中国仍将处于工业化、城镇化时期，中国制造业大国的地位使得第二产业比重不会大幅度下降，但从中长期来看，随着能源、资源和环境约束日渐趋紧，第二产业比重将趋于稳定并逐渐下降。从需求来看，中长期内，随着城镇化继续推进并趋于稳定，消费需求中物质消费比重下降、服务消费比重上升，由此，第三产业比重将由于消费升级和生产的服务化而上升。

工业化中期是投资驱动和城镇化快速发展的时期，由此也是重化工业增长为主导的时期。但从中长期来看，中国经济增长将由投资驱动转向效率驱动和创新驱动，城镇化也将由快速增长转向缓慢增长，导致未来一段时期，中国工业经济增长将出现明显的阶段化的变化。重化工业将转向缓慢增长，其比重呈现下降态势。同时，竞争加剧将加快设备更新改造，再加上消费需求升级，将驱动技术要素比较多的机械、电子等技术密集型产业比重上升，生产工序的技术含量也将深化。

随着消费需求的服务化和生产的服务化，工业制成品在国内总需求中所占比重将呈现下降态势。服务业呈现上升态势，生产性服务业和生活性服务业将达到比较快的增长速度。随着需求进一步升级和分工深化，消费结构升级将带动住宅、汽车、新兴耐用消费品以及文化、教育、娱乐、医疗保健、旅游、交通通信及金融服务等服务消费较快增长。

（3）国际环境复杂性和不确定性加大，外部经贸压力增强，中国突破产业链关键技术、实现重要生产工序升级的紧迫性凸显。

过去一段时期，中国经济的持续高速增长，在一定程度上得益于以信息技术为核心的技术革新和产业革命推动了全球经济与贸易持续增长，发达经济体加快了产业结构调整和产业转移，为中国出口提供了增长空间。未来一段时期，从国际上来看，一些重要因素正在发生显著变化，前一时期的全球化高速发展和经济持续繁荣的态势在近年难以再现。特别地，新冠疫情、中美经贸博弈和俄乌冲突等给全球化的发展带来了极大的冲击，使得我国面临巨大的外部经贸压力。

目前，全球产业链和价值链重构进程加速，技术进步日新月异，新一轮经济全球化发展将有赖于下一次科技和产业革命。为了在新一轮全球价值链分工中抢占发展机遇和制高点，各国在高科技领域和新兴产业展开了白热化竞争。正因为如此，以美国为代表的西方经济体频繁利用贸易保护措施，企图打压中国在高科技领域的发展。与美国相比，尽管中国在诸多领域还有不小的差距，但美国认为中国经济体量的膨胀、政府主导的经济体制和经济外交已经严重动摇美国经济霸权的基础，并且认为中国对美国的挑战具有尖锐性、现实性和紧迫性。基于这一判断，美国《国家安全战略》已将中国定义为战略竞争者。目前美国主要采取限制性竞争的对华战略，即给中国的发展附加各类限制条件，束缚中国发展模式中一些优势的发挥，而美国能够在竞争中继续发挥不对称优势，进而压制中国。

一方面，美国大规模地在其实体清单中新增中国企业和研究机构，并且所覆盖的领域从国防、航空航天等行业扩大到了电子通信、信息安全、互联网等具备广泛产业化应用前景的行业。另一方面，美国还通过发起侵权调查和签署行政令等方式限制中国高科技领域机构的对外合作，与出口管制政策共同发力加强对中国高科技领域的打压。例如，2019年9月26日，美国国际贸易委员会（United States International Trade Commission，ITC）对半导体设备及其相关产品发起产权侵权调查，中国海信集团、TCL集团、联想集团和深圳万普拉斯科技有限公司等企业涉案；2020年11月12日和2021年1月13日，特朗普分别两次签署行政令，禁止美国投资者与中国军方企业进行证券交易，并要求美国投资者在365天内抛售所有已购证券；2021年6月3日，拜登签署行政令，将包括华为公司、中国航天科技集团有限公司等59家中国企业列入"非SDN[①]中国军事综合体企业"清单，禁止美国主体与名单所列公司进行投资交易。

面对断供和"卡脖子"威胁，我国需要尽快打通关键技术和生产环节，依托科技创新构建自主可控的现代化产业体系，实现产业链和价值链优化升级，否则就会面临供应链的安全稳定威胁及高科技领域未来发展的巨大隐忧。以电子信息

---

① SDN 表示 Software Defined Network（软件定义网络）。

产业链中的关键产品芯片为例，目前全球芯片供给主要被美日欧企业垄断，中国作为全球最大、增长最快的芯片需求市场，对外依存度尤其对高端产品的依存度过高，约有85%需要依赖进口，而5G、人工智能、区块链、智能机器人等我国发展战略中聚焦的高科技产业都对芯片有着巨大的需求。美国对华为公司等企业的出口管制将对我国相关产业的发展造成巨大冲击和威胁。与之类似的还有高端数控机床、智能操作系统、航空发动机等。

## 7.2　提升产业链水平的内涵及主要发达经济体战略经验

关于提升产业链、供应链发展水平的内涵已有较广泛讨论，主要可以分成四类：一是从产业链、供应链与价值链的关系出发界定产业链、供应链水平提升，认为理解产业链、供应链要从价值链出发，价值链决定了产业链和供应链，提升国家产业链、供应链现代化水平是指一个国家推进其产业链、供应链向高附加值延伸、强化其产业在全球价值链各环节的增值能力、实现其在全球价值链的地位升级的过程。二是从自主可控角度出发界定产业链、供应链水平提升。自主可控的产业链、供应链对实现国家全面现代化具有长远的、基础的和重要的战略意义。三是从产业的角度进行界定，把产业链、供应链现代化水平提升视为产业现代化内涵的延伸、细化或现代产业体系的建设。四是目前采用最多的一类界定的角度，就是混合型，即从多个角度、多个层面对产业链、供应链水平提升进行界定。

总体而言，产业链、供应链水平提升应包含以下维度。

（1）更加安全可靠。产业链、供应链具有网络化的特点，一个节点或链路受到冲击会很快传染至其他节点和链路，进而对整个网络造成冲击放大化的风险。要使产业链、供应链更加安全可靠，要增强产业链、供应链韧性，抑制这种放大的风险，包括增强抗风险能力、增强快速恢复能力、增强极端冲击情况下的结构调整能力和创新转型能力，特别要增强抵御核心要素、关键技术受到突发性冲击所引发风险的能力，减少对"卡脖子"技术的依赖程度。

（2）更加协调顺畅。产业链、供应链是一个复杂系统，协调顺畅的难度较大。更加协调顺畅的核心应该包括产品可快速响应市场需求，协同供给符合市场需求的产品。在采购方面，可协同原材料供需、价格信息，协同保证上游产品供给稳定。在物流方面，可根据顾客需求变化协同提供相应的异质化物流服务，包括形成稳定且高效的物流体系。在信息方面，能够有效处理、传递异质化信息。

（3）更高附加值。较长期以来，中国制造业企业凭借劳动力规模大、成本低的优势参与全球产业分工，处于全球价值链的中低端。然而，随着中国人口红利的逐渐消失，低附加值的经济活动面临其他发展中经济体的竞争压力，传统的参与全球产业分工的方式面临巨大挑战，中国必须通过进入产业链、供应链的更高价值环节。创造更高的附加值对形成以国内大循环为主题的双循环新发展格局具有重要意义。

（4）更强创新能力。增强产业链、供应链的创新能力是提升产业链、供应链水平的核心。一段时期内，一个国家实现创新驱动的经济增长可以通过引进技术的方式实现，但任何一个国家都不可能通过技术引进的方式来长期支撑增长。一个国家越发达，离国际前沿技术越近，靠引进技术方式实现经济增长的可能性越小，对通过自主创新方式实现经济增长的需求越大。

在维护产业链和供应链安全、提升产业链和供应链发展水平方面，多个主要发达经济体从多方面进行了战略部署。

1）美国战略与政策动向

美国十分重视产业链供应链安全，从战略、政策、法律等多方面进行了系统部署。

第一，美国将供应链战略上升为国家战略，加强全球供应链安全风险评估和预警。2012年，美国《全球供应链安全国家战略》指出，全球供应链体系是美国经济和安全至关重要的资产，提出促进商品高效与安全运输以及培养有弹性的供应链两大战略目标。

美国的"小院高墙"策略提供了"点对抗，面合作"战略思想。"小院高墙"战略指的是政府需要确定与美国国家安全直接相关的特定技术和研究领域（即"小院"），并划定适当的战略边界（即"高墙"）。对"小院"内的核心技术，政府应采取更严密、更大力度的措施进行封锁，"小院"之外的其他高科技领域，则可以重新对华开放。在美国"小院高墙"战略下，一方面，我国要加大"小院"技术突破，防止关键环节"卡脖子"；另一方面，我国要积极研究对美"小院"，实现精准打击。

为降低全球供应链脆弱性，对关键领域的物资、基础设施进行识别，采取供应链风险预警与管理措施。2017年，美国总统特朗普签发行政命令《确保关键矿产安全和可靠供应的联邦战略》，要求相关部门列出对美国及其经济具有重大影响的关键矿物和来源清单；提出通过研发关键矿物的回收、后处理、替代技术，与盟友通过投资和贸易开发关键矿物备选方案，提升关键矿物的勘探技术，降低进口依赖性，解决关键矿物供应的脆弱性。2018年，美国相继发布《美国联邦信息通信技术中来自中国的供应链漏洞》《美国信息通信技术行业的关键供应链评估》等报告，分析了中国有大量的美国通信产品供应商及5G、物联网技术，这使得通信供应链面临更大的攻击风险，这些报告进而提出了供应链透明建设并拟定前瞻性预警政策。2020年4月9日，在新冠疫情突发的情况下，美国白宫国家经济委员会主任拉里•库德洛呼吁，所有在中国的美国企业都撤离，返回美国。由此产生的全部撤离费用,由美国政府承担,包括厂房、设备、基建、装修、知识产权等。

2021年6月8日,美国白宫发布《建立弹性供应链,振兴美国制造业,促进基础广泛增长:第14017号行政命令下的百日审查》报告。报告根据拜登2021年2月24日签署的第14017号美国供应链行政令要求,由美国商务部、能源部、国防部和卫生与公共服务部四个部门分别对半导体制造和先进封装、大容量电池、关键矿物和材料、药品及活性药物成分四种关键产品的供应链进行全面审查,分析各产品供应链的现状和潜在风险,并就加强供应链弹性提出具体建议。从这一报告可以看到美国保障自身供应链安全的重要举措,即通过提高相关产业链生产与劳动标准、调整移民政策、强化执法机制、强化供应链安全伙伴关系等手段,建立弹性供应链,促进制造业回流,巩固技术优势。同时,拜登通过推动设置全球最低税率制约产业和资本外流,这个最低企业税率可能在2023年前落地实施,客观上有望制约跨国企业产业外迁。

第二,美国提高制造业、国防及高技术领域的供应链弹性。以国家安全为导向,建立健康、安全、弹性、完整的制造业与国防供应链。2017年,特朗普签署了《评估和强化制造与国防工业基础及供应链弹性》报告,在飞机、造船、太空等9个国防领域以及制造业网络安全、电子工业、机床工控等7个先进制造领域提出了加强供应链弹性的计划。同年美国公布的《国家安全战略》7次提到供应链,涉及保卫国防工业供应链、建立有弹性的供应链、防止敏感信息泄露并保证供应链完整性等。例如,中国C919客机的核心三大件航空发动机、航空电子设备及飞控系统都是由美国公司供应的。2020年2月,美国拟考虑阻止美国通用电气公司(General Electric Company)继续向中国国产喷气客机C919供应CFMLEAP-1C发动机,以切断高技术供应链向中国输出。

第三,对供应链安全立法。美国已建立起比较完善的供应链安全法律制度,包括海关-商贸反恐怖联盟(Customs-Trade Partnership Against Terrorism,C-TPAT)认证、舱单24小时申报规则(规则)、《集装箱安全倡议》(Container Security Initiative,CSI)、集装箱100%安全扫描规定、自由与安全贸易(Free And Secure Trade,FAST)计划、大港计划等。在《联邦采购供应链安全法》的修订版中设立联邦采购安全委员会,负责美国关键信息与通信技术的识别和风险应对措施的拟定。生效的《2018年出口管制改革法案》设立了严格的出口管制规则,甄别和管制涉及供应链安全与高技术范畴的出口行为,限制供应链关键环节的技术外流。《国防授权法案》《外国投资风险评估现代化法案》等均提及供应链风险控制和审查的要求,其中不乏专门针对中国的歧视性规定。2020年1月,美国商务部部长威尔伯·罗斯透露,美国政府正在制定新规则,目的是拒绝向华为公司提供更多与美国相关的技术。美国商务部正在部署修改长臂管辖原则,将管控范围从美国技术占比的25%降到10%。一旦实施，就意味着大量日韩零部件将无法为华为公司供货。然而，在2019年作为对美国元器件的替代，华为采购日韩部件的总量超过200亿美元，增长50%以上。2020年2月6日，美国新安全中心发布研究报告《大国持久战：初步评估》表示，美国应就中国崛起展开持久战式的长期规划。

美国去工业化到再工业化的转变印证了我国努力实现产业链、供应链自主可控和安全稳定是具有前瞻性的正确决定。从经济上看，美国再工业化的措施具有深远的战略意图。一是保持制造业的全球领先优势，争夺世界经济发展的主导权。美国重新实施的再工业化战略，不是简单地向传统制造业的回归，而是通过大力发展先进制造业、新兴产业，积极推进科技创新。二是防止产业空心化和虚拟化，促进国家经济结构优化。美国通过再工业化吸引制造业回流将进一步提高制造业在美国经济总量中的比重，优化制造业和服务业的比例关系。三是进一步强化对全球价值链的纵向控制。美国在产品生产最核心环节上具有垄断地位，对其他地区的配套企业具有较强的控制和定价能力，并为其提供技术规范和支持，从而使后者对前者具有越来越强的依附性。

从美国的再工业化逻辑来看，我们应该正确处理国内产业间的发展关系，努力优化产业结构。一是既要促进制造业和服务业的协调发展，协调实体经济和虚拟经济的关系，又要正确认识和处理产业结构软化与产业空心化的关系，通过先进产业"引进来"和富余产业"走出去"调整优化国内产业结构的同时，防止产业的空心化，特别是支柱性、关键性产业的流失。二是构建现代产业体系，美国制造业的回流一方面说明在先进制造业发展中，国际竞争是不可避免的，另一方面说明一个国家和地区的产业升级是一个自我循环、自我升级的过程。因此，我们应进一步强化对产业自我升级重要性的认识。当前，应紧密结合国际产业发展的趋势，加快建设一批战略性新兴产业基地，引导战略性新兴产业走"高起点规划、集群化发展"的道路；加大企业技术改造的步伐，提高自主知识产权、自主品牌和高端产品的比重。

2）英国战略与政策动向

英国产业链、供应链战略聚焦三个方面：第一是关注产业发展，制定全面、长期的产业供应链发展战略；第二是以创新支持制造业供应链发展，提升制造业竞争力；第三是通过融资、产业实践、供应链协同提升中小企业竞争力。

一是将产业链供应链作为制造业发展的关键要素。2012年，英国发布了《产业战略：英国行业分析》报告，对推动英国未来经济发展、提升就业率的重点行业进行了分析，出台了对英国经济至关重要的11个产业发展战略。2017年，英国发布《产业战略：建设适应未来的英国》白皮书，从创新、技能、基础设施、商业环境和地区五大基础，人工智能与数据、流动性、绿色转型和大数据四大挑战，以及对重要行业做出承诺和实际投资的双向承诺行业协议，布局英国脱欧的产业战略，以保证英国在全球供应链中的优势。

二是将产业链供应链战略与制造业发展紧密结合，支持制造业供应链创新以提升全球竞争力。2013 年，英国发布报告《制造业的未来：英国面临的机遇与挑战》，制订了"柔性制造"计划，推动制造业供应链上下游协同研发。2015 年，英国发布《加强英国制造业供应链政府和产业行动计划》，标志着英国将提升制造业供应链竞争力上升为国家战略，英国政府和整个行业将共同采取行动，从 6 个领域（创新领域、技能领域、供应链融资渠道领域、供应链中小企业能力建设领域、供应链合作领域、供应链韧性领域）加强对制造业供应链的扶持，提高英国制造业国际竞争力。2017 年，英国发布《英国工业战略》，强调参与全球供应链，把各种类型公司团结起来，形成公平的供应链，利用英国供应链优势，以单一"英国队"身份去参与全球基础设施项目投标。

三是通过融资、产业实践、供应链协同提升中小企业竞争力。英国政府通过融资换贷款计划向贷款者增加资金供给，通过企业融资担保项目帮助企业获得银行贷款，通过企业资本基金向支持初创、高增长企业的风险投资基金投资，克服股权资本供应中的市场弱点。政府部门、设备制造商和供应链核心企业加强合作，制订供应链绩效改进方案，向中小企业普及推行最佳供应链实践。

3）德国战略与政策动向

德国产业链供应链战略早期关注环境与社会可持续性，近年来重视运用先进技术来大力提升工业供应链的智能、领先和安全水平。2013 年，德国推出《保障德国制造业的未来——关于实施工业 4.0 战略的建议》，提出通过物联网将全球供应链中的生产企业和创新网络中的中小企业有效连接起来，提高批量生产效率和高效定制化商品生产，以智能制造技术实现供应链的高效衔接与资源利用。积极推动工业供应链的智能化和信息化，提出了"工业 4.0"的双领先战略：领先的供应商战略和领先的市场战略。前者就是要做全球最具竞争力的装备制造业；后者是要在德国形成一个供应商生态系统，以大型制造企业为龙头，中小企业相配套的产业生态，形成发展合力与全球标准。伴随区块链技术的不断成熟，2019 年，《德国国家区块链战略》指出，德国将研究区块链技术如何促进供应链与价值链的透明度、效率、安全性。

4）日本战略与政策动向

日本将构建全球产业链供应链作为重要经济发展战略，积极推动区域经济战略合作，采取风险应对措施保障供应链安全，促进供应链可持续发展，完善物流体系来支持全球供应链高效安全运行。

一是重视全球产业链供应链构建与区域经济合作，开拓世界市场及贸易，吸引全球人才、物力与资金。为应对资源缺乏，日本积极利用全球资源促进国内供应链发展。2013 年，日本发布《日本振兴战略》，提出推动具有全球竞争优势的制造业与服务业的供应链发展。积极推动区域经济合作，抢占战略先机，在 21 世纪全球经贸规则制定及供应链构建中占据主导地位。2018 年，日本主导推动的 CPTPP 正式生效，其对亚太地区供应链发展做了约定：通过整合生产来降低贸易区供应链的成本；协助中小企业参与自由贸易区供应链；设立专门委员会来确定提升和加强供应链发展的措施。通过促进贸易和投资，利用原产地规则带动区域内创新价值链和供应链发展，创造新的亚太地区商业模式。

二是应对产业链供应链风险及建设可持续供应链。2013 年，日本发布《国家安全保障战略》，对全球供应链竞争及跨境供应链风险提出了应对措施，通过加强与世界组织的战略互利合作、安全领域人才培养、系统防御来应对供应链风险。2020 年 3 月 5 日，日本首相安倍晋三在以新冠肺炎疫情对经济影响为议题的未来投资会议上呼吁，对"一国生产依存度高的高附加值产品生产基地"要回归国内，而附加值不高的则应向东盟等进行多元化转移。2020 年 4 月，为应对新冠肺炎疫情给经济带来的负面影响，日本经济产业省推出了总额高达 108 万亿日元（约合人民币 7 万亿元）的抗疫经济救助计划，其中有一个改革供应链的项目，专门列出 2435 亿日元（约合人民币 158 亿元）资金，用于资助日本制造商将生产线撤出中国，以实现生产基地的多元化。

三是完善物流供应链体系。2017 年，日本发布了《综合物流施政推进计划(2017 年度—2020 年度)》，内容涉及供应链协同，提高物流效率；构建智能物流供应链、无缝连接与高附加值的供应链，通过采取标准技术、射频识别技术、电子通关处理技术等提升效率；与相关各方紧密合作，构建多运输方式协作的高效、一体、可持续供应链等。

## 7.3 提升中国产业链水平的潜在策略

影响产业链供应链水平提升的因素包括国家战略引导、要素供给、市场需求、外部国际环境和国内区域产业布局政策等，因此，提升产业链供应链水平的策略可以从突破这些制约因素入手。

（1）在国家战略层面，高度重视产业链供应链安全，实施导向型产业政策，尤其是引导科技自主化，加快发展现代产业体系，提升产业链供应链现代化水平。

中央和地方政府部门、关键企业等应共同参与国家产业链供应链战略制定，形成全球产业链供应链风险预警体系与应对机制，建立关系国家安全和国计民生关键产业链供应链安全管理体系。高度重视国防军工、重点产业、高技术产业的供应链体系建设。建立重点产业链供应链数字化监测和服务平台，明确重点行业产业链供应链发展现状，厘清与国家安全相关行业自主研发能力薄弱环节，制定行业供应链安全监测指标体系，通过试点、示范、推广工程，持续提升安全水平。以新冠疫情防控为契机，相关部门联合攻关，重构突发事件应急供应链服务体系，完善应急供应链的智慧分级响应机制和联防联控机制。从供给、需求、设施设备、信息、政策等方面建立应急供应链服务体系，利用大数据和可视化技术，加快建设集应急物资生产储备、捐赠分配、交通运输、邮政快递、分发配送、应急需求等各方面信息于一体的应急物流与供应链协同调度平台，确保应急资源可找、可取、可用、可控。

  实施导向型产业政策，对不同产业进行分类方向性引导，尤其是加强科技自主化。一要加快解决"卡脖子"问题，加快重点领域和重点行业的补链强链行动。建立高风险领域的"卡脖子"技术清单，因"技"制宜，分类施策，采取挂图作战、揭榜挂帅等政府推动和市场化相结合的方式，强化产业链上下游之间的利益绑定与战略合作，加快攻克基础材料、基础零部件、关键装备、工业软件等领域的"卡脖子"技术。内资企业加快在"卡脖子"领域和行业的布局，推动构建国产化生产制造体系。引导互联网资本进入工业软件、芯片、新能源、工业互联网等领域，为重要行业赋智升级。二要加快完善产业链供应链创新体制、机制。厘清政府在孵育创新中的作用边界，协调好政府职能和市场作用。鼓励产业链供应链龙头企业建立技术创新和产业化平台，鼓励龙头企业与外资企业开展联合科技攻关活动，特别是新一代信息技术、智能制造、节能环保、汽车等领域的合作。依托龙头企业建设离岸创新中心，共建科技园区与孵化基地，推动科技人才联合培养交流，参与全球标准制定。强化中小企业服务体系建设，建立扶持中小企业贷款的风险资金池，完善融资风险承担机制，为中小企业孵化创新技术提供良好的社会制度和金融支持。建立紧密的部门间、区域间、企业间、政企间合作关系。支持行业间、企业间、上中下游、大中小企业、实体经济与金融机构、实体经济及科研机构之间的共利、共享、共赢。

  （2）在供给侧方面，要突破要素供给对产业链供应链水平提升的制约。提高要素利用效率，优化要素投入结构，促进数字等新型要素与传统要素的深度融合，推动要素市场改革，促进要素配置效率的提升。

  提高产业链供应链要素利用效率，优化要素投入结构。中国依靠大量廉价劳动力、自然资源等生产要素推动经济增长的传统模式已难以为继，必须提高要素利用效率。一要由人口数量红利转向人力资本红利，通过人才强国战略积累高人力资本存量，增强人力资本与产业链的匹配效率。根据不同产业链的要求，加强专业化人才培养，培养跨领域、跨行业、交叉学科人力资本。二要构建公平与高效的土地配置、流转体系,协同做好产业链供应链上下游的土地资源规划与配置。三是构建适应产业链供应链发展的现代金融服务体系,搭建服务上下游企业的供应链金融服务平台,完善小微企业融资担保政策,解决融资困难等问题。

促进数字等新型要素与传统要素的深度融合,充分发挥数字等新型要素提升产业链水平的积极作用。数据已成为新一轮技术革命中的关键生产要素、价值的重要来源和竞争力的重要决定因素,要推进数字经济与产业链供应链的深度融合,抢占数字经济发展的制高点。一要推动对生产和消费环节产生的数据的及时获取、存储、挖掘分析,通过机器学习、文本分析等技术挖掘数据要素价值。二要促进新型要素与传统要素的深度有效融合,发挥新型要素对其他要素的催化作用,提高要素生产率。三是通过数字化技术加快产业链供应链各个环节的信息传播和交流速度,降低沟通与交易成本。通过数据分析等精准刻画消费者需求,挖掘潜在需求,促进供给与需求的有效匹配。

推动要素市场改革,加速要素自由流动,促进要素配置效率的提升。提升产业链水平要求完善要素市场化配置,消除要素的流动阻碍。一要厘清市场和政府在要素配置中的作用边界,减少行政干预对要素配置的扭曲,充分发挥市场的决定性作用。二要协调局部和全局的要素配置,避免不同地区恶性竞争对要素资源配置的扭曲,杜绝地方保护主义、市场割据和重复建设等问题。

(3)在市场需求方面,进一步扩大政府对居民医疗和保障性住房等公共服务方面的支出,通过财税改革进一步缩小贫富差距,以城市群、都市圈等为着力点进一步创造消费市场,从而充分释放消费市场在需求端拉升产业链水平的潜能。

扩大民生性政府支出,释放居民消费潜能。现阶段中国居民消费支出中住房、医疗和教育支出负担较高,这限制了居民对于其他商品的消费能力,导致高端消费需求不足,消费升级受限。要进一步增加保障性住房供给,坚持房住不炒,遏制商品房价格非理性、投机性上涨;进一步推动医疗卫生体制深化改革,推动基本医疗全民覆盖和完善多层分级医疗保障体系;推动学前教育纳入公共服务范围,着力推进教育资源均等化;探索建立民生性公共服务支出的应急保障体系,减少疫情、自然灾害等不确定性因素对居民消费信心的冲击。通过上述策略释放居民消费种类和消费质量升级的需求,从需求端拉动产业链供应链提升。

国民总收入是居民消费的直接约束条件,可以通过财税结构性改革缩小贫富差距,提升中低收入群体的消费能力,扩张消费需求。一要继续推动农业转移人口市民化,引导农村人口在城区就业和居住,通过乡村振兴计划提高农村居民收入水平,释放农村需求潜力。二要降低劳务收入、工资收入等劳动所得收入的征税边际税率,对非劳动所得收入要实施精细化、差异化分类征税管理,通过收入再分配提高劳动者群体购买力。三是继续扩大实施企业减税降费规模,更加关注创新型企业和优质企业，减少对劣质企业的资源投入，扩大优质企业规模以带动就业规模，促进居民收入增长。

刺激消费、扩大内需离不开新型城镇化战略的有效推进，要以城市群和都市圈建设为着力点，创造消费市场。通过城市群和都市圈建设打破区域间市场分割，加强中心城市对周边区域的辐射带动作用。推动区域多中心和城市副中心建设，着力提高城市交接区域、城乡接合区域等区域的基础设施建设水平及公共服务设施保障水平，提高区域整体消费需求量。

（4）在外循环方面，充分借助RECP等区域自由贸易协定、"一带一路"合作倡议等，稳定外资外贸及跨国产业链供应链，加强区域产业链供应链合作发展。

借助RCEP等区域自由贸易协定，持续推进"引进来"和"走出去"战略，稳定外资外贸和跨国产业链供应链。持续优化国内的外商投资营商环境，深化外商投资体制机制改革，稳定跨国企业在我国的投资布局，应对部分发达经济体对我国实行的制造业回流、外移策略。战略性引导外商投资向先进制造业、关键核心科技等领域集聚，立足中国产业规模优势、配套优势和部分领域先发优势，发挥我国超大规模市场优势，积极鼓励外资投资新兴产业，补足部分产业链短板，铸造新兴产业链长板。

我国在全球产业链核心地位的建设依赖那些成功"走出去"的中国大企业。要提高中国在全球产业链体系中的话语权和重要地位，必须发挥领先企业的作用，推动企业深度参与全球产业链、价值链竞争、合作与分工。要着力培育一批具有现代供应链运营能力的龙头企业，鼓励龙头企业运用服务外包、现代物流、电子商务、渠道分销、品牌运营、行业标准等技术和手段，拓展供应链协同的广度和深度，提升供应链整合和可持续发展能力。支持具有供应链上下游整合能力的跨国企业发展，培育一批主导全球供应链的领先企业，发挥组织、整合、生产和服务功能，带动技术、标准、产品和服务"走出去"，增强对全球供应链的整合能力。鼓励有条件的企业通过参与跨国并购、股权资本合作等方式，获取境外先进技术、研发能力、品牌和国际销售渠道，建立健全全球研发、生产和营销体系，提升产业国际化布局和运营能力。推动物流业、金融业与制造业联动协调发展，将生产、制造、销售和运输等环节衔接，形成配套服务物流供应链体系和供应链金融体系，不断提升服务企业"走出去"的能力。

推动区域创新链建设，加强产业链供应链合作共赢。落实RCEP、发挥"一带一路"合作倡议的共商共建共享优势，充分发挥中国超大规模市场的商品、要素虹吸能力，加强我国与日本、韩国、东南亚、俄罗斯、蒙古国、中东等经济体的产业链合作。促进产业链供应链核心环节与边缘环节多维度合作，强化中国生产制造核心的地位，加强中日韩产业链供应链各领域头部企业的战略合作，强化区域内部劳动密集型、区域生产性和资源密集型产业深度合作，提升产业链供应链抗风险能力。从全球视野谋划和推动创新，主动融入全球科技创新网络，推动我国科学界与全球顶尖科学家的科技创新合作。深化中日韩欧创新合作，逐步打造高效共享的科技公共服务平台网络体系，降低创新成本，完善知识产权制度，为国际技术合作提供法律保障。积极参与 CPTPP 等贸易协定谈判，加快打造立足周边、面向全球的自由贸易网络框架，推动多边新秩序建立。

（5）在内循环方面，充分发挥我国不同区域资源禀赋多样化优势，要将东部地区建设成为具有全球影响力的先进制造业中枢，进一步加大中西部地区承接产业转移的力度，提升产业链内循环水平。

优化国内区域产业空间布局对提升产业链供应链水平至关重要。东部地区低端制造业转移外迁的趋势难以逆转，东部地区应依托创新要素快速集聚的比较优势，重点发展高端制造业和服务业。要将京津冀、长三角、粤港澳大湾区等重点城市群、都市圈建设成为以技术创新为核心职能、具备国际影响力的国家先进制造业中枢，推动有条件的相同地市或毗邻园区共同布局产业链发展。积极推动国家、省部级重点实验室等高水平科技创新平台与链上的龙头企业、高新技术企业围绕关键先进技术节点联合进行科研攻关和科技成果转化。

着力构建更高水平的产业转移协作体系，推动产业链供应链跨区域融通协同。进一步加大中西部地区，特别是已具备一定经济基础、具有承接产业转移能力的地区承接劳动密集型产业，以及新兴产业的生产、配套环节等，同时布局更多的聚焦特定产业链的产业转移承接示范区。鼓励有条件的地区围绕重点产业链进行研发，予以税收、人才、要素配置等跨区域政策扶持。

推动构建东中西部地区梯度互补的产业格局，继续大力推进东部地区的科技创新优势，打造中部地区的先进制造业基地，形成西部地区的特色优势产业；从绿色经济发展出发，积极探索和建立产业转移地与承接地之间高效、持续、有活力的东西对接协作机制；改善和完善中西部地区的基础设施和运输通道，持续优化中西部地区的营商环境；警惕、避免各省区市在培育具有生态主导力和核心竞争力的企业时实行地方保护主义；从实际出发，引导产业有序转移、有序发展，向已经形成特色产业集群的区域集中，做大原有的特色产业集群，引导中西部地区形成产业集群化发展模式。

# 参 考 文 献

蔡昉, 王德文, 曲玥. 2009. 中国产业升级的大国雁阵模型分析. 经济研究, 44（9）: 4-14.
陈锡康, 杨翠红, 等. 2011. 投入产出技术. 北京: 科学出版社.
崔晓敏. 2021. 中国与全球产业链: 理论与实证. 上海: 上海三联书店.
戴翔. 2015. 中国制造业国际竞争力——基于贸易附加值的测算. 中国工业经济, （1）: 78-88.
樊茂清, 黄薇. 2014. 基于全球价值链分解的中国贸易产业结构演进研究. 世界经济, 37（2）: 50-70.
郭晶, 刘菲菲. 2015. 中国服务业国际竞争力的重新估算——基于贸易增加值视角的研究. 世界经济研究, （2）: 52-60, 128.
韩剑, 许亚云. 2021. RCEP及亚太区域贸易协定整合——基于协定文本的量化研究. 中国工业经济, （7）: 81-99.
胡国良, 王继源. 2020. 全球产业布局调整背景下中国制造业外迁问题研究. 财贸经济, 41（1）: 50-64.
黄群慧, 倪红福. 2021. 中国经济国内国际双循环的测度分析——兼论新发展格局的本质特征. 管理世界, 37（12）: 40-58.
金碚, 李鹏飞, 廖建辉. 2013. 中国产业国际竞争力现状及演变趋势——基于出口商品的分析. 中国工业经济, （5）: 5-17.
鞠建东, 余心玎, 卢冰, 等. 2020. 全球价值链网络中的"三足鼎立"格局分析. 经济学报, 7（4）: 1-20.
李钢, 刘吉超. 2012. 入世十年中国产业国际竞争力的实证分析. 财贸经济, （8）: 88-96.
李跟强, 潘文卿. 2016. 国内价值链如何嵌入全球价值链: 增加值的视角. 管理世界, （7）: 10-22, 187.
李鑫茹, 陈锡康, 段玉婉, 等. 2018. 国民收入视角下的中美贸易平衡分析. 世界经济, 41（6）: 3-27.
李鑫茹, 陈锡康, 段玉婉, 等. 2021. 经济全球化和国民收入视角下的双边贸易差额核算——基于国际投入产出模型的研究. 中国工业经济, （7）: 100-118.
刘斌, 魏倩, 吕越, 等. 2016. 制造业服务化与价值链升级. 经济研究, 51（3）: 151-162.
刘遵义, 陈锡康, 杨翠红, 等. 2007. 非竞争型投入占用产出模型及其应用——中美贸易顺差透视. 中国社会科学, （5）: 91-103, 206-207.
卢向前, 戴国强. 2005. 人民币实际汇率波动对我国进出口的影响: 1994—2003. 经济研究, （5）: 31-39.
吕越, 邓利静. 2020. 全球价值链下的中国企业"产品锁定"破局——基于产品多样性视角的经验证据. 管理世界, 36（8）: 83-98.

吕越, 黄艳希, 陈勇兵. 2017. 全球价值链嵌入的生产率效应: 影响与机制分析. 世界经济, 40 (7): 28-51.

潘文卿, 娄莹, 李宏彬. 2015a. 价值链贸易与经济周期的联动: 国际规律及中国经验. 经济研究, 50 (11): 20-33.

潘文卿, 王丰国, 李根强. 2015b. 全球价值链背景下增加值贸易核算理论综述. 统计研究, 32 (3): 69-75.

彭支伟, 张伯伟. 2017. 中间品贸易、价值链嵌入与国际分工收益: 基于中国的分析. 世界经济, 40 (10): 23-47.

钱学锋, 龚联梅. 2017. 贸易政策不确定性、区域贸易协定与中国制造业出口. 中国工业经济, (10): 81-98.

盛斌, 毛其淋. 2017. 进口贸易自由化是否影响了中国制造业出口技术复杂度. 世界经济, 40 (12): 52-75.

苏杭, 郑磊, 牟逸飞. 2017. 要素禀赋与中国制造业产业升级——基于 WIOD 和中国工业企业数据库的分析. 管理世界, (4): 70-79.

孙晓华, 郭旭, 王昀. 2018. 产业转移、要素集聚与地区经济发展. 管理世界, 34(5): 47-62, 179-180.

唐宜红, 张鹏杨. 2018. 中国企业嵌入全球生产链的位置及变动机制研究. 管理世界, 34(5): 28-46.

田开兰, 杨翠红. 2016. 中欧光伏贸易争端对双方经济损益的影响分析. 系统工程理论与实践, 36 (7): 1652-1660.

田开兰, 杨翠红, 祝坤福, 等. 2021. 两败俱伤: 美中贸易关税战对经济和就业的冲击. 管理科学学报, 24 (2): 14-27.

田开兰, 祝坤福, 杨翠红. 2017. 中国出口比较优势分析——基于不同贸易方式生产异质性的研究. 中国管理科学, 25 (9): 1-10.

王直, 魏尚进, 祝坤福. 2015. 总贸易核算法: 官方贸易统计与全球价值链的度量. 中国社会科学, (9): 108-127, 205-206.

闫冰倩, 田开兰. 2020. 全球价值链分工下产业布局演变对中国增加值和就业的影响研究. 中国工业经济, (12): 121-139.

杨翠红, 田开兰, 高翔, 等. 2020. 全球价值链研究综述及前景展望. 系统工程理论与实践, 40 (8): 1961-1976.

伊普 G S. 2005. 全球战略. 2 版. 程卫平, 译. 北京: 中国人民大学出版社.

张杰, 陈志远, 刘元春. 2013. 中国出口国内附加值的测算与变化机制. 经济研究, 48(10): 124-137.

张洁, 秦川义, 毛海涛. 2022. RCEP、全球价值链与异质性消费者贸易利益. 经济研究, 57 (3): 49-64.

张少军, 刘志彪. 2009. 全球价值链模式的产业转移——动力、影响与对中国产业升级和区域协调发展的启示. 中国工业经济, (11): 5-15.

张禹, 严兵. 2016. 中国产业国际竞争力评估——基于比较优势与全球价值链的测算. 国际贸易问题, (10): 38-49.

中国社会科学院工业经济研究所课题组,张其仔. 2021. 提升产业链供应链现代化水平路径研究. 中国工业经济,(2): 80-97.

祝坤福,余心玎,魏尚进,等. 2022. 全球价值链中跨国公司活动测度及其增加值溯源. 经济研究, 57(3): 136-154.

African Development Bank, OECD, United Nations Development Programme. 2014. African Economic Outlook 2014: Global Value Chains and Africa's Industrialization.

Aiginger K. 1997. The use of unit values to discriminate between price and quality competition. Cambridge Journal of Economics, 21(5): 571-592.

Amighini A. 2006. Upgrading in international trade: methods and evidence from selected sectors in Latin America//Pietrobelli C, Rabellotti R. Upgrading to Compete: Global Value Chains, Clusters, and SMEs in Latin America. Washington D.C.: Inter-American Development Bank: 221-250.

Antràs P, Chor D. 2013. Organizing the global value chain. Econometrica, 81(6): 2127-2204.

Antràs P, Chor D, Fally T, et al. 2012. Measuring the upstreamness of production and trade flows. American Economic Review, 102(3): 412-416.

Antràs P, de Gortari A. 2020. On the geography of global value chains. Econometrica, 88(4): 1553-1598.

Autor D H, Dorn D, Hanson G H. 2013. The China syndrome: local labor market effects of import competition in the United States. American Economic Review, 103(6): 2121-2168.

Balassa B. 1965. Trade liberalisation and "revealed" comparative advantage. The Manchester School, 33(2): 99-123.

Baldwin R. 2006. Globalisation: the great unbundling(s). Economic Council of Finland.

Baldwin R, Lopez-Gonzalez J. 2015. Supply-chain trade: a portrait of global patterns and several testable hypotheses. The World Economy, 38(11): 1682-1721.

Baldwin R, Robert-Nicoud F. 2014. Trade-in-goods and trade-in-tasks: an integrating framework. Journal of International Economics, 92(1): 51-62.

Baldwin R, Venables A J. 2013. Spiders and snakes: offshoring and agglomeration in the global economy. Journal of International Economics, 90(2): 245-254.

Barrientos S, Gereffi G, Rossi A. 2011. Economic and social upgrading in global production networks: a new paradigm for a changing world. International Labor Review, 150(3-4): 319-340.

Bhagwati J, Panagariya A, Srinivasan T N. 2002. The muddles over outsourcing. Journal of Economic Perspectives, 18(4): 93-114.

Bohn T, Brakman S, Dietzenbacher E. 2021. From exports to value added to income: accounting for bilateral income transfers. Journal of International Economics, 131: 103496.

Caliendo L, Parro F. 2015. Estimates of the trade and welfare effects of NAFTA. The Review of Economic Studies, 82(1): 1-44.

Carroll J B. 1993. Human Cognitive Abilities: A Survey of Factor-analytic Studies. New York: Cambridge University Press.

Chen Q R, Zhu K F, Liu P, et al. 2019. Distinguishing China's processing trade in the world

input-output table and quantifying its effects. Economic Systems Research, 31（3）: 361-381.
Chen W, Los B, McCann P, et al. 2018. The continental divide? Economic exposure to Brexit in regions and countries on both sides of the channel. Papers in Regional Science, 97(1): 25-54.
Chen X K, Cheng L K, Fung K C, et al. 2012. Domestic value added and employment generated by Chinese exports: a quantitative estimation. China Economic Review, 23(4): 850-864.
Chong S, Hoekstra R, Lemmers O, et al. 2019. The role of small-and medium-sized enterprises in the Dutch economy: an analysis using an extended supply and use table. Journal of Economic Structures, 8: 8.
Constantinescu C, Mattoo A, Ruta M. 2019. Does vertical specialisation increase productivity?. The World Economy, 42（8）: 2385-2402.
Costinot A, Vogel J, Wang S. 2013. An elementary theory of global supply chains. Review of Economic Studies, 80: 109-144.
Dean J M, Fung K C, Wang Z. 2011. Measuring vertical specialization: the case of China. Review of International Economics, 19（4）: 609-625.
Dedrick J, Kraemer K L, Linden G. 2010. Who profits from innovation in global value chains?A study of the iPod and notebook PCs. Industrial and Corporate Change, 19（1）: 81-116.
Dietzenbacher E, Los B, Stehrer R, et al. 2013. The construction of world input–output tables in the WIOD project. Economic Systems Research, 25（1）: 71-98.
Dietzenbacher E, Pei J S, Yang C H. 2012. Trade, production fragmentation, and China's carbon dioxide emissions. Journal of Environmental Economics and Management, 64(1): 88-101.
Dietzenbacher E, Romero I. 2007. Production chains in an interregional framework: identification by means of average propagation lengths. International Regional Science Review, 30（4）: 362-383.
Dietzenbacher E, van Burken B, Kondo Y. 2019. Hypothetical extractions from a global perspective. Economic Systems Research, 31（4）: 505-519.
Duan H B, Bao Q, Tian K L, et al. 2021. The hit of the novel coronavirus outbreak to China's economy. China Economic Review, 67: 101606.
Eaton J, Kortum S. 2002. Technology, geography, and trade. Econometrica, 70(5): 1741-1779.
Gereffi G. 2005. The global economy: organization, governance and development//Smelser N J, Swedberg R. The Handbook of Economic Sociology. 2nd ed. Princeton: Princeton University Press: 160-182.
Gereffi G, Evgeniev E. 2008. Textile and apparel firms in Turkey and Bulgaria: exports, local upgrading and dependency. Economic Studies Journal, 17（3）: 148-179.
Gereffi G, Korzeniewicz M. 1994. Commodity Chains and Global Capitalism. Connecticut: Praeger.
Gereffi G, Sturgeon T J. 2013. Global value chains and industrial policy: the role of emerging economies//Elms D K, Low P. Global Value Chains in a Changing World. Geneva: WTO

Publications: 329-360.

Giuliani E, Pietrobelli C, Rabellotti R. 2005. Upgrading in global value chains: lessons from Latin American clusters. World Development, 33（4）: 549-573.

Grossman G M, Rossi-Hansberg E. 2008. Trading tasks: a simple theory of offshoring. American Economic Review, 98（5）: 1978-1997.

Grossman G M, Rossi-Hansberg E. 2012. Task trade between similar countries. Econometrica, 80（2）: 593-629.

Hu Y M, Tian K L, Wu T, et al. 2021. The lose-lose consequence: assessing US-China trade decoupling through the lens of global value chains. Management and Organization Review, 17（2）: 429-446.

Hummels D, Ishii J, Yi K M. 2001. The nature and growth of vertical specialization in world trade. Journal of International Economics, 54（1）: 75-96.

Humphrey J, Schmitz H. 2002. How does insertion in global value chains affect upgrading in industrial clusters?. Regional Studies, 36（9）: 1017-1027.

Jiang X M, Zhu K F, Green C. 2015. China's energy saving potential from the perspective of energy efficiency advantages of foreign-invested enterprises. Energy Economics, 49: 104-112.

Johnson R C. 2014a. Five facts about value-added exports and implications for macroeconomics and trade research. Journal of Economic Perspectives, 28（2）: 119-142.

Johnson R C. 2014b. Trade in intermediate inputs and business cycle comovement. American Economic Journal: Macroeconomics, 6（4）: 39-83.

Johnson R C, Noguera G. 2012. Accounting for intermediates: production sharing and trade in value added. Journal of International Economics, 86（2）: 224-236.

Kaplinsky R, Readman J. 2001. How can SME producers serve global markets and sustain income growth?. Working Paper.

Kaplinsky R, Readman J. 2005. Globalization and upgrading: what can be (and cannot) learnt from international trade statistics in the wood furniture sector. Industrial and Corporate Change, 14（4）: 679-703.

Kee H L, Tang H W. 2016. Domestic value added in exports: theory and firm evidence from China. American Economic Review, 106（6）: 1402-1436.

Koopman R, Wang Z, Wei S J. 2012. Estimating domestic content in exports when processing trade is pervasive. Journal of Development Economics, 99（1）: 178-189.

Koopman R, Wang Z, Wei S J. 2014. Tracing value-added and double counting in gross exports. American Economic Review, 104（2）: 459-494.

Lehmann J P. 2012. China and the Global Supply Chain in Historical Perspective. World Economic Forum: The Shifting Geography of Global Value Chains: Implications for Developing Economies and Trade Policy.

Leontief W W. 1936. Quantitative input and output relations in the economic systems of the United States. The Review of Economics and Statistics, 18: 105-125.

Leontief W W. 1941. The Structure of the American Economy, 1919-1929: An Empirical

Application of Equilibrium Analysis. Cambridge: Harvard University Press.

Li C D, Li D L. 2022. When regional comprehensive economic partnership agreement (RCEP) meets comprehensive and progressive trans-pacific partnership agreement (CPTPP): considering the "Spaghetti Bowl" effect. Emerging Markets Finance and Trade, 58(7): 1988-2003.

Li K W, Song L G. 2011. The technological content of China's exports and the need for quality upgrading//Golley J, Song L G. Rising China: Global Challenges and Opportunities. Canberra: Australian National University Press: 69-84.

Li Q M, Scollay R, Gilbert J. 2017. Analyzing the effects of the Regional Comprehensive Economic Partnership on FDI in a CGE framework with firm heterogeneity. Economic Modelling, 67: 409-420.

Lin J Y. 2011. New structural economics: a framework for rethinking development. The World Bank Research Observer, 26(2): 193-221.

Lin J Y, Wang Y. 2012. China's integration with the world: development as a process of learning and industrial upgrading. China Economic Policy Review, 1(1): 1-33.

Los B, Timmer M P, de Vries G J. 2015. How global are global value chains? A new approach to measure international fragmentation. Journal of Regional Science, 55(1): 66-92.

Los B, Timmer M P, de Vries G J. 2016. Tracing value-added and double counting in gross exports: comment. American Economic Review, 106(7): 1958-1966.

Ma H, Wang Z, Zhu K F. 2015. Domestic content in China's exports and its distribution by firm ownership. Journal of Comparative Economics, 43(1): 3-18.

Mahadevan R, Nugroho A. 2019. Can the Regional Comprehensive Economic Partnership minimise the harm from the United States-China trade war?. The World Economy, 42(11): 3148-3167.

Mankiw N G, Swagel P. 2006. The politics and economics of offshore outsourcing. Journal of Monetary Economics, 53(5): 1027-1056.

Milberg W, Winkler D. 2011. Economic and social upgrading in global production networks: problems of theory and measurement. International Labour Review, 150(3/4): 341-365.

Miller R E, Blair P D. 2009. Input-Output Analysis: Foundations and Extensions. 2nd ed. Cambridge: Cambridge University Press.

Pei J, Dietzenbacher E, Oosterhaven J, et al. 2011. Accounting for China's import growth: a structural decomposition for 1997–2005. Environment and Planning A, 43(12): 2971-2991.

Porter M E. 1985. Competitive Advantage, Creating and Sustaining Superior Performance. New York: The Free Press.

Robert-Nicoud F. 2008. Offshoring of routine tasks and (de)industrialisation: threat or opportunity—and for whom?. Journal of Urban Economics, 63(2): 517-535.

Rodriguez-Clare A. 2010. Offshoring in a Ricardian world. American Economic Journal: Macroeconomics, 2(2): 227-258.

Rodrik D. 2013. Unconditional convergence in manufacturing. Quarterly Journal of Economics, 128（1）: 165-204.

Spearman C. 1904. "General intelligence," objectively determined and measured. American Journal of Psychology, 15（2）: 201-292.

Stratfor. 2013. The PC16: Identifying China's Successors. Austin: Stratfor Publication.

Taglioni D, Winkler D. 2016. Making Global Value Chains Work for Development. Washington D.C.: The World Bank.

Tian K L, Dietzenbacher E, Jong-A-Pin R. 2019. Measuring industrial upgrading: applying factor analysis in a global value chain framework. Economic Systems Research, 31（4）: 642-664.

Tian K L, Dietzenbacher E, Jong-A-Pin R. 2022a. Global value chain participation and its impact on industrial upgrading. The World Economy, 45（5）: 1362-1385.

Tian K L, Dietzenbacher E, Yan B Q, et al. 2020. Upgrading or downgrading: China's regional carbon emission intensity evolution and its determinants. Energy Economics, 91（1）: 104891.

Tian K L, Zhang Y, Li Y Z, et al. 2022b. Regional trade agreement burdens global carbon emissions mitigation. Nature Communications, 13: 408.

Timmer M P, Dietzenbacher E, Los B, et al. 2015. An illustrated user guide to the world input-output database: the case of global automotive production. Review of International Economics, 23（3）: 575-605.

Timmer M P, Erumban A, Los B, et al. 2014. Slicing up global value chains. Journal of Economic Perspective, 28（2）: 99-118.

Timmer M P, Los B, Stehrer R, et al. 2013. Fragmentation, incomes and jobs: an analysis of European competitiveness. Economic Policy, 28（76）: 613-661.

Timmer M P, Miroudot S, de Vries G J. 2019. Functional specialisation in trade. Journal of Economic Geography, 19（1）: 1-30.

Upward R, Wang Z, Zheng J H. 2013. Weighing China's export basket: the domestic content and technology intensity of Chinese exports. Journal of Comparative Economics, 41（2）: 527-543.

Wang Z, Wei S J, Yu X D, et al. 2022. Global value chains over business cycles. Journal of International Money and Finance, 126: 102643.

Xu Y, Dietzenbacher E. 2014. A structural decomposition analysis of the emissions embodied in trade. Ecological Economics, 101: 10-20.

Yang C H, Dietzenbacher E, Pei J S, et al. 2015. Processing trade biases the measurement of vertical specialization in China. Economic Systems Research, 27（1）: 60-76.

Zhang Y, Tian K L, Li X M, et al. 2022. From globalization to regionalization? Assessing its potential environmental and economic effects. Applied Energy, 310: 118642.

Zhu K F, Jiang X M. 2019. Slowing down of globalization and global $CO_2$ emissions—a causal or casual association?. Energy Economics, 84: 104483.

# 附　　录

## 附录一　OECD 数据库（2021 版）包含的经济体

| 英文简称 | OECD 经济体 | 英文简称 | 非 OECD 经济体 |
| --- | --- | --- | --- |
| AUS | 澳大利亚 | ARG | 阿根廷 |
| AUT | 奥地利 | BRA | 巴西 |
| BEL | 比利时 | BRN | 文莱 |
| CAN | 加拿大 | BGR | 保加利亚 |
| CHL | 智利 | KHM | 柬埔寨 |
| COL | 哥伦比亚 | CHN | 中国 |
| CRI | 哥斯达黎加 | HRV | 克罗地亚 |
| CZE | 捷克 | CYP | 塞浦路斯 |
| DNK | 丹麦 | IND | 印度 |
| EST | 爱沙尼亚 | IDN | 印度尼西亚 |
| FIN | 芬兰 | KAZ | 哈萨克斯坦 |
| FRA | 法国 | LAO | 老挝 |
| DEU | 德国 | MYS | 马来西亚 |
| GRC | 希腊 | MLT | 马耳他 |
| HUN | 匈牙利 | MAR | 摩洛哥 |
| ISL | 冰岛 | MMR | 缅甸 |
| IRL | 爱尔兰 | PER | 秘鲁 |
| ISR | 以色列 | PHL | 菲律宾 |
| ITA | 意大利 | ROU | 罗马尼亚 |
| JPN | 日本 | RUS | 俄罗斯 |
| KOR | 韩国 | SAU | 沙特阿拉伯 |
| LVA | 拉脱维亚 | SGP | 新加坡 |
| LTU | 立陶宛 | ZAF | 南非 |
| LUX | 卢森堡 | THA | 泰国 |
| MEX | 墨西哥 | TUN | 突尼斯 |
| NLD | 荷兰 | VNM | 越南 |
| NZL | 新西兰 | ROW | 其他地区 |
| NOR | 挪威 | | |
| POL | 波兰 | | |
| PRT | 葡萄牙 | | |
| SVK | 斯洛伐克 | | |
| SVN | 斯洛文尼亚 | | |
| ESP | 西班牙 | | |
| SWE | 瑞典 | | |

续表

| 英文简称 | OECD 经济体 | 英文简称 | 非 OECD 经济体 |
|---|---|---|---|
| CHE | 瑞士 | | |
| TUR | 土耳其 | | |
| GBR | 英国 | | |
| USA | 美国 | | |

### OECD 数据库（2021 版）中的产业名称

| 编号 | 合并后的部门分类 | OECD 投入产出表中原始部门分类 |
|---|---|---|
| 1 | 农业 | （1）农业、狩猎、林业；（2）渔业和水产养殖业 |
| 2 | 采掘业 | （3）采矿、采石及能源产品生产业；（4）采矿、采石及能源产品生产业；（5）矿业支援服务活动；（10）焦炭和精炼石油产品；（14）其他非金属矿产品 |
| 3 | 食品加工与制造业 | （6）食品、饮料和烟草 |
| 4 | 纺织服装业 | （7）纺织及其制品、皮革、鞋类 |
| 5 | 木材与印刷业 | （8）软木木材及其制品；（9）纸制品及印刷 |
| 6 | 化工行业 | （11）化学及化工产品；（12）医药、药用化学及植物制品；（13）橡胶、塑料制品 |
| 7 | 金属制品业 | （15）贱金属；（16）金属制品 |
| 8 | 电子电气设备制造业 | （17）计算机、电子光学设备；（18）电气机械及器材；（19）专用机械设备；（22）机械设备的修理与安装 |
| 9 | 运输设备制造业 | （20）汽车、拖车及半拖车等交通运输设备；（21）其他运输设备 |
| 10 | 电力燃气供水业 | （23）电、煤气、水蒸气及空调供应；（24）污水处理与废物管理 |
| 11 | 建筑业 | （25）建筑业 |
| 12 | 服务业 | （26）批发零售；（27）陆路运输和管道运输；（28）水路运输；（29）航空运输；（30）运输仓储及相关活动；（31）邮政业；（32）住宿餐饮；（33）出版、音像、广播活动；（34）电信；（35）互联网技术和其他信息服务；（36）金融及保险活动；（37）房地产业；（38）专业技术活动；（39）行政及支援服务；（40）公共管理与社会保障业；（41）教育业；（42）人类健康与社会工作活动；（43）艺术和娱乐业；（44）其他服务活动；（45）家庭作为雇主的活动 |

### 附录二 WIOD（2016 版）包含的经济体

| 英文简称 | 中文名称 | 英文简称 | 中文名称 | 英文简称 | 中文名称 |
|---|---|---|---|---|---|
| AUS | 澳大利亚 | FRA | 法国 | MLT | 马耳他 |
| AUT | 奥地利 | GBR | 英国 | NLD | 荷兰 |
| BEL | 比利时 | GRC | 希腊 | NOR | 挪威 |
| BGR | 保加利亚 | HRV | 克罗地亚 | POL | 波兰 |
| BRA | 巴西 | HUN | 匈牙利 | PRT | 葡萄牙 |
| CAN | 加拿大 | IDN | 印度尼西亚 | ROU | 罗马尼亚 |
| CHE | 瑞士 | IND | 印度 | RUS | 俄罗斯 |
| CHN | 中国 | IRL | 爱尔兰 | SVK | 斯洛伐克 |

续表

| 英文简称 | 中文名称 | 英文简称 | 中文名称 | 英文简称 | 中文名称 |
|---|---|---|---|---|---|
| CYP | 塞浦路斯 | ITA | 意大利 | SVN | 斯洛文尼亚 |
| CZE | 捷克 | JPN | 日本 | SWE | 瑞典 |
| DEU | 德国 | KOR | 韩国 | TUR | 土耳其 |
| DNK | 丹麦 | LTU | 立陶宛 | USA | 美国 |
| ESP | 西班牙 | LUX | 卢森堡 | ROW | 世界其他地区 |
| EST | 爱沙尼亚 | LVA | 拉脱维亚 | | |
| FIN | 芬兰 | MEX | 墨西哥 | | |

### WIOD（2016版）中的产业名称

| 代码 | 产业名称 | 代码 | 产业名称 |
|---|---|---|---|
| c1 | 农业和畜牧业 | c29 | 批发业 |
| c2 | 林业 | c30 | 零售业 |
| c3 | 渔业 | c31 | 内陆运输业 |
| c4 | 煤炭采选业 | c32 | 水运业 |
| c5 | 食品制造业 | c33 | 航空运输业 |
| c6 | 纺织及皮革制造业 | c34 | 仓储及交通运输辅助活动 |
| c7 | 木材加工业 | c35 | 邮政业 |
| c8 | 造纸业 | c36 | 住宿与餐饮业 |
| c9 | 印刷业 | c37 | 出版活动 |
| c10 | 石油加工及炼焦业 | c38 | 动画、电视及音乐出版活动 |
| c11 | 化工业 | c39 | 电信业 |
| c12 | 制药业 | c40 | 计算机服务及信息服务活动 |
| c13 | 橡胶和塑料制品业 | c41 | 金融服务业 |
| c14 | 其他非金属矿物制品业 | c42 | 保险与养老基金 |
| c15 | 金属冶炼与压延业 | c43 | 金融服务与保险的附属活动 |
| c16 | 金属制品业 | c44 | 房地产业 |
| c17 | 计算机、电子和光学产品制造业 | c45 | 法律与会计服务 |
| c18 | 电气设备制造业 | c46 | 建筑与工程服务 |
| c19 | 机械及器材制造业 | c47 | 科学研究与发展 |
| c20 | 机动车辆制造业 | c48 | 广告与市场研究 |
| c21 | 其他交通运输设备制造业 | c49 | 其他科学与技术活动 |
| c22 | 家具及其他制造业 | c50 | 行政与支持服务活动 |
| c23 | 机械设备修理业 | c51 | 公共管理与防御 |
| c24 | 电热气供应业 | c52 | 教育 |
| c25 | 水处理及供应业 | c53 | 卫生与社会工作 |
| c26 | 废物处理及管理 | c54 | 其他服务活动 |
| c27 | 建筑业 | c55 | 居民自雇佣 |
| c28 | 机动车辆批发与零售业 | c56 | 外部组织活动 |

### 附录三 WIOD（2013版）包含的经济体

| 英文简称 | 中文名称 | 收入水平 | 英文简称 | 中文名称 | 收入水平 |
| --- | --- | --- | --- | --- | --- |
| AUS | 澳大利亚 | H | JPN | 日本 | H |
| AUT | 奥地利 | H | KOR | 韩国 | H |
| BEL | 比利时 | H | LVA | 拉脱维亚 | LM |
| BRA | 巴西 | LM | LTU | 立陶宛 | LM |
| BGR | 保加利亚 | LM | LUX | 卢森堡 | H |
| CAN | 加拿大 | H | MLT | 马耳他 | LM |
| CHN | 中国 | LM | MEX | 墨西哥 | LM |
| CYP | 塞浦路斯 | H | NLD | 荷兰 | H |
| CZE | 捷克 | LM | POL | 波兰 | LM |
| DNK | 丹麦 | H | PRT | 葡萄牙 | H |
| EST | 爱沙尼亚 | LM | ROU | 罗马尼亚 | LM |
| FIN | 芬兰 | H | RUS | 俄罗斯 | LM |
| FRA | 法国 | H | SVK | 斯洛伐克 | LM |
| DEU | 德国 | H | SVN | 斯洛文尼亚 | LM |
| GRC | 希腊 | LM | ESP | 西班牙 | H |
| HUN | 匈牙利 | LM | SWE | 瑞典 | H |
| IND | 印度 | LM | TUR | 土耳其 | LM |
| IDN | 印度尼西亚 | LM | GBR | 英国 | H |
| IRL | 爱尔兰 | H | USA | 美国 | H |
| ITA | 意大利 | H | | | |

注：表中经济体按照1995年世界银行的人均收入标准划分为高收入经济体（high-income economies，H）和中低收入经济体（low- and middle-income economies，LM）

### WIOD（2013版）中的产业名称

| 代码 | 产业名称 | 代码 | 产业名称 |
| --- | --- | --- | --- |
| c1 | 农林牧渔业 | c19 | 机动车辆销售及维护、燃料零售 |
| c2 | 采矿业 | c20 | 除机动车辆以外的批发 |
| c3 | 食品、饮料及烟草制造业 | c21 | 除机动车辆以外的零售、家庭用品的维修 |
| c4 | 纺织业 | c22 | 住宿餐饮业 |
| c5 | 鞋、皮革制品业 | c23 | 陆地运输业 |
| c6 | 木材及木制品 | c24 | 水路运输业 |
| c7 | 造纸、印刷及出版业 | c25 | 航空运输业 |
| c8 | 焦炭、精炼石油及核燃料 | c26 | 其他运输业 |
| c9 | 化学原料及化学产品制造业 | c27 | 邮政业 |
| c10 | 塑料、橡胶制品 | c28 | 金融业 |
| c11 | 其他非金属矿物 | c29 | 房地产业 |
| c12 | 金属及加工业 | c30 | 租赁和商务服务业 |
| c13 | 机械及器材制造业 | c31 | 公共防卫、社会保障业 |
| c14 | 电气和光学设备 | c32 | 教育 |
| c15 | 交通运输设备制造业 | c33 | 卫生、社会福利业 |
| c16 | 制造及回收业 | c34 | 其他社团、公共和个人服务 |
| c17 | 电力、燃气、水的生产和供应业 | c35 | 在岗人员私人住宅服务 |
| c18 | 建筑业 | | |